Collection fondée

Yvain ou le Chevalier au Lion

CHRÉTIEN DE TROYES

roman arthurien

Édition présentée,
annotée et commentée
par
Daphné DERON
Agrégée de lettres modernes

Traduction adaptée
à partir de la traduction
en français moderne d'André Eskénazi

www.petitsclassiques.com

SOMMAIRE

Avant d'aborder le texte

Yvain ou le Chevalier au Lion

Comment lire l'œuvre

 – ISBN 2-03-871717-6

Avant d'aborder le texte

Yvain ou le Chevalier au Lion

Genre : roman courtois arthurien.

> **Roman :** au XIIe siècle, récit en vers, écrit en ancien français, lu à haute voix, qui raconte les aventures fictives et les amours d'un chevalier.
>
> **Courtois :** adjectif qui, rapporté au roman, désigne la place prépondérante accordée à l'amour et aux valeurs de la cour dans le récit. Ce type de roman s'adresse aussi à un public de cour.
>
> **Arthurien :** qui se situe à l'époque et dans le monde du roi Arthur.

Auteur : Chrétien de Troyes.

Structure : suite continue de vers octosyllabiques (de huit syllabes) en rimes plates.

La division du texte en chapitres et les titres n'existent donc pas dans le manuscrit. On les a ajoutés dans un souci de clarté, en faisant de chaque aventure qui présente une unité un chapitre.

Principaux personnages : Yvain, Laudine, Lunette, Gauvain, Arthur, Guenièvre, Keu, Calogrenant.

Sujet : Yvain, chevalier à la cour du roi Arthur, éprouve, à travers toute une série d'aventures, la difficulté qu'il y a de concilier l'amour et la prouesse chevaleresque. Renvoyé par son épouse pour s'être montré infidèle à sa promesse, il met sa valeur au service des demoiselles sans défense. Secondé par un lion, il acquiert une renommée sans précédent qui lui vaut le pardon de sa dame à la fin du roman.

Manuscrits et éditions : le roman complet est conservé par sept manuscrits. La traduction d'André Eskénazi, qui est ici adaptée, s'appuie sur le manuscrit 794 de la Bibliothèque nationale, copié dans le premier tiers du XIIIe siècle. L'une des premières éditions du texte est celle de W. Förster ; elle date de 1887.

Combat d'un chevalier et d'un dragon.
Enluminure extraite du Roman de Lancelot du Lac, *XVe siècle.*
Paris, Bibliothèque de l'Arsenal.

CHRÉTIEN DE TROYES

(vers 1135 – vers 1190)

Le statut de l'auteur au Moyen Âge

On connaît très peu de choses sur les auteurs du Moyen Âge. En effet, les textes de cette époque qui ont subsisté jusqu'à aujourd'hui sont le plus souvent anonymes. Cela s'explique en partie par les mauvaises conditions de transmission de l'œuvre : avant l'invention de l'imprimerie, la diffusion d'un texte n'était assurée que par des copistes (clercs qui recopient les manuscrits). En outre, la notion de « propriété littéraire » n'existait pas : l'œuvre n'appartenait pas à l'auteur mais à la communauté des lettrés. C'est pourquoi les différents manuscrits d'une même œuvre présentent toujours des variantes, les copistes se permettant de modifier le texte : par exemple, ils changent le dialecte, déforment certaines formules, ajoutent ou suppriment des vers. Par ailleurs, quand l'œuvre est signée, il est quelquefois difficile de savoir si le nom renvoie à l'auteur, au copiste ou au récitant.

Les indices biographiques

Face à l'absence d'informations, le lecteur moderne doit se contenter d'indices biographiques, qu'il déduit d'après l'œuvre elle-même. Dans le cas de Chrétien de Troyes, on apprend son nom grâce à l'un de ses romans, *Érec et Énide*. Dans *Yvain*, il mentionne son prénom, aux derniers vers du texte : « Chrétien termine ainsi son roman du *Chevalier au Lion*. » À partir de ce nom, on a pensé que l'auteur était originaire de la ville de Troyes, ce que semblent confirmer des traces du dialecte champenois dans son œuvre. Ensuite, dans le prologue du *Chevalier de la Charrette,* Chrétien dédie son roman à la comtesse de Champagne, et dans celui du *Conte du Graal* à Philippe de Flandre, ce qui suggère qu'il a vécu à ces deux cours, ou qu'il a au moins fréquenté ces deux personnages.

On connaît une partie de son œuvre grâce au prologue de *Cligès,* dans lequel il dresse la liste des textes qu'il a écrits jusqu'alors, mais dont deux seulement nous sont parvenus (l'un est un conte inspiré des *Métamorphoses* d'Ovide, l'autre est *Érec et Énide,* son premier roman). Chrétien serait aussi l'auteur de deux chansons courtoises. Par la suite, on a établi la chronologie de ses romans grâce à des allusions à certains événements historiques.

Au total, les renseignements biographiques sont bien maigres, mais il faut savoir que ce peu est beaucoup pour un auteur du XIIe siècle, surtout en comparaison avec d'autres textes restés complètement anonymes.

Vers 1135

Naissance de Chrétien de Troyes, probablement en Champagne : son nom « de Troyes » pourrait désigner sa ville d'origine. Il a dû recevoir la formation d'un clerc, c'est-à-dire qu'il aurait suivi un cycle d'études littéraires *(trivium)* puis scientifiques *(quadrivium)* qui font de lui un lettré, lisant le latin.

Entre 1155 et 1165

Philomena, fable adaptée des *Métamorphoses* du poète latin Ovide. On pense que c'est à la même période qu'il écrivit deux chansons courtoises, qui montrent qu'il a été influencé par les troubadours du Midi. Elles font de Chrétien l'un des premiers trouvères.

Vers 1170

Érec et Énide, premier roman de Chrétien de Troyes.

Ce roman raconte les aventures d'Érec, jeune chevalier qui, par sa bravoure, réussit à conquérir celle qu'il aime, la belle Énide. Après leur mariage, Érec se consacre entièrement à sa femme et délaisse les exploits chevaleresques, ce qui lui vaut d'être accusé de lâcheté. Il reprend alors, en compagnie de sa femme, sa vie aventureuse.

À partir de 1172

Séjour à la cour de Champagne, chez le comte Henri le Libéral et sa femme Marie de France (la fille du roi de France et d'Aliénor d'Aquitaine).

Vers 1176

Cligès, second roman de Chrétien.

C'est l'histoire de Cligès, fils d'Alexandre de Constantinople et de Soredamors de Bretagne. Il tombe amoureux de Fénice, promise à son oncle Alis, qui a usurpé le trône de Constantinople. Thessala, la suivante de Fénice, fait boire à Alis un philtre qui lui donne l'illusion, le soir des noces, de posséder Fénice, alors qu'il n'étreint en vérité qu'une ombre. Suivent de nombreuses aventures, qui décuplent la valeur de Cligès. Les deux amants finissent par s'avouer leur amour et, après la mort de l'empereur, se marient.

Entre 1177 et 1181

Rédaction conjointe de ses deux romans arthuriens les plus célèbres : *Lancelot ou le Chevalier de la Charrette* et *Yvain ou le Chevalier au Lion.*

Le Chevalier de la Charrette raconte comment Lancelot, chevalier d'Arthur, part à la recherche de Guenièvre qui a été enlevée par Méléagant. Soutenu par son amour pour la reine tout au long de sa quête, Lancelot incarne le type même de l'amant courtois ; après une nuit d'amour avec Guenièvre, il la ramène à Arthur et tue Méléagant.

À partir de 1181

Séjour à la cour de Philippe, comte de Flandre, à qui il dédie son dernier roman : *Perceval ou le Conte du Graal,* resté inachevé.

Roman d'inspiration mystique, *Le Conte du Graal* expose, dans une première partie, le parcours initiatique du jeune Perceval, qui, bien qu'élevé par sa mère dans la forêt, à l'écart du monde, devient pourtant l'un des meilleurs chevaliers du monde. Après avoir délivré la belle Blanchefleur de ses agresseurs, il rencontre le Roi-

Pêcheur, à qui il n'ose pas poser de questions sur le Graal qui passe devant lui. La seconde partie raconte les aventures de Gauvain, elle demeure inachevée.

Vers 1190

Mort de Chrétien de Troyes.

Le Roman de Lancelot du Lac.
Le roi Arthur et les chevaliers de la Table Ronde.
La vision du Saint Graal.
Paris, Bibliothèque nationale.

CONTEXTES

Le cadre historique et politique

La France du XIIe siècle

À cette époque, ce que nous appelons aujourd'hui « France » est un territoire morcelé en différents comtés gouvernés par des seigneurs. Le roi de France ne possède qu'un petit territoire autour de Paris. Néanmoins, deux faits établissent sa supériorité sur les autres seigneurs : d'une part le roi est sacré, lors d'une cérémonie prestigieuse à Reims, ce qui lui confère une autorité religieuse et l'appui de l'Église ; d'autre part, il est le suzerain suprême en France, tous les autres seigneurs étant ses vassaux. Malgré cela, le pouvoir du roi de France demeure assez théorique. En effet, ses vassaux sont souvent de grands seigneurs plus riches et plus puissants que lui, qui exercent une souveraineté presque entière sur leur domaine. Ainsi, le comte de Champagne, à la cour duquel Chrétien de Troyes a résidé ; de même le duc de Normandie, Henri Plantagenêt, futur roi d'Angleterre.

Vers 1177, au moment où Chrétien de Troyes écrit *Yvain*, le roi de France est le capétien Louis VII, qui règne de 1137 à 1180. Deux faits majeurs jalonnent le règne de ce roi. En premier lieu, Louis VII, très pieux, resserre considérablement les liens entre la monarchie et l'Église. Suger, l'abbé de Saint-Denis, le seconde efficacement et son abbaye devient le foyer de l'idéologie monarchique, tandis que le roi fait de Paris sa résidence principale. En outre, Louis VII est le premier roi à participer à la croisade, ainsi qu'à des pèlerinages qui le mènent fort loin du domaine royal et étendent sa popularité dans la France entière et au-delà.

Le second événement qui marque durablement la monarchie française est le mariage puis le divorce du roi avec Aliénor d'Aquitaine. En 1137, Louis VII épouse Aliénor, qui lui apporte en dot le duché d'Aquitaine (c'est-à-dire le centre et le sud-ouest de la France : l'équivalent de 19 départements !). Mais dans cette union se lisent aussi les différences entre la France du

Nord et celle du Midi. Aliénor, habituée à l'atmosphère cultivée et raffinée de la cour de Poitiers, où les femmes et l'amour sont à l'honneur, a du mal à s'intégrer à la cour du roi, pleine d'ecclésiastiques aux mœurs austères. D'après les chroniqueurs, Aliénor se serait plainte d'avoir épousé un moine plutôt qu'un roi. Vers 1150, Louis VII répudie Aliénor, sous le prétexte qu'elle n'a enfanté que des filles. Celle-ci le quitte, emportant avec elle son duché. Quelques mois plus tard, elle se remarie à un seigneur français, Henri Plantagenêt, duc de Normandie. À nouveau, elle apporte en dot l'Aquitaine et les époux possèdent à eux seuls la moitié de la France. En 1154, Henri Plantagenêt devient roi d'Angleterre, sous le nom d'Henri II. Ce nouveau royaume, extrêmement vaste et riche, est le concurrent direct du royaume de France, même si, théoriquement, Henri Plantagenêt reste le vassal de Louis VII. C'est la naissance d'une rivalité tenace entre la France et l'Angleterre.
Cette rivalité ne se résout que plus tard, sous Philippe Auguste, fils unique que Louis VII a eu d'un autre mariage. Sous son règne, le royaume de France s'agrandit considérablement. Philippe Auguste enlève l'ouest de la France à Jean sans Terre, le fils d'Henri II ; puis il triomphe de la coalition anglo-allemande à la bataille de Bouvines, en 1214. À sa mort, en 1223, le royaume de France est au moins trois fois plus grand que sous Louis VII.

La cour de Champagne

Chrétien de Troyes a dû séjourner longtemps à la cour de Champagne, et c'est certainement là qu'il a écrit *Le Chevalier au Lion*, puisque *Le Chevalier de la Charrette*, qui date de la même époque, est dédié à Marie, épouse du comte de Champagne. Selon le système féodal, ce comte est vassal du roi de France. Toutefois, la Champagne, par sa richesse et son rayonnement culturel, fait partie des comtés rivaux du royaume de France. En effet, la Champagne est remarquable par le succès de ses foires (Troyes, Provins, Lagny et Bar-sur-Aube), à mi-chemin des villes marchandes de Flandre et d'Italie. Le comte de Champagne a épousé Marie, l'une des

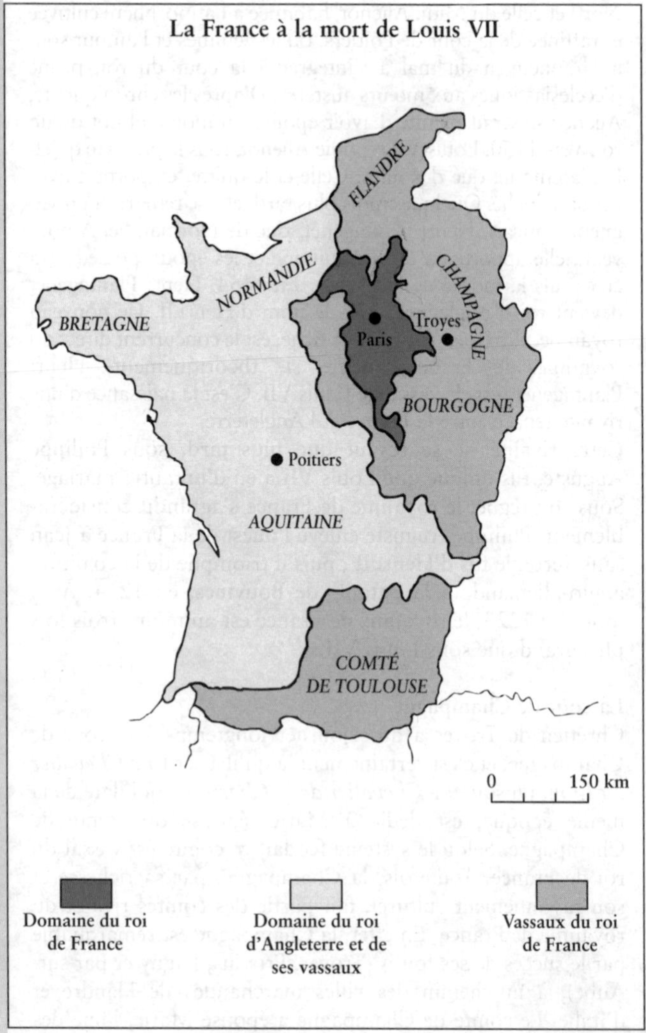
La France à la mort de Louis VII
FLANDRE
NORMANDIE
CHAMPAGNE
BRETAGNE
Paris
Troyes
BOURGOGNE
Poitiers
AQUITAINE
COMTÉ
DE TOULOUSE
0
150 km
Domaine du roi
de France
Domaine du roi
d'Angleterre et de
ses vassaux
Vassaux du roi
de France

filles de Louis VII et d'Aliénor d'Aquitaine. Très influencée par sa mère et soutenue par son mari qui voulait se distinguer du climat austère et très religieux du royaume de France, elle accueille à sa cour des clercs, des troubadours et des trouvères qui développent une culture chevaleresque et courtoise faisant concurrence à la culture « française ».
Chrétien de Troyes est l'un des clercs invités à la cour de Champagne, contexte décisif pour l'élaboration de son œuvre, car il est chargé de célébrer dans ses romans les valeurs de la courtoisie qu'on y cultive.

Le contexte social et économique

Le système féodal

Au XIIe siècle, l'organisation économique, sociale et politique repose sur le système féodal. À l'origine, l'insuffisance des monarchies a poussé les hommes à se regrouper autour de qui saurait les défendre : les seigneurs. On promettait d'assister le seigneur en toutes choses, en échange de quoi on obtenait sa protection. La féodalité est donc un type de relation fondé sur le service d'un homme libre, le vassal, envers un autre homme libre, le seigneur, appelé aussi « suzerain ». Le seigneur et le vassal sont unis par un contrat vassalique : le vassal s'engage à se montrer fidèle envers un seigneur, c'est-à-dire qu'il lui doit aide (surtout militaire, parfois financière) et conseil (obligation de participer à des assemblées réunies par le seigneur et de rendre la justice en son nom). En échange de cette obéissance, le vassal reçoit du seigneur un fief (le plus souvent une terre) et l'assurance de sa protection.
Tout ce système repose donc sur la fidélité réciproque que se vouent le vassal et le seigneur. Si le vassal se montre infidèle (il est alors « félon »), le seigneur peut lui confisquer son fief. Dans *Yvain*, on trouve un écho à ce système dans la relation qui unit Yvain à Laudine. En effet, Laudine fait d'Yvain le seigneur de sa terre (équivalent du fief) en échange de sa protection. Laudine dit ainsi à ses barons : « il [Yvain] veut se mettre en ma

dépendance et à mon *service*, et je l'en remercie ». Ici, il s'agit à la fois de service amoureux et militaire. Quand Yvain oublie la promesse faite à sa dame, il rompt ce serment de fidélité : Laudine lui reprend alors son « fief » et son amour, tandis que le chevalier renonce à défendre la fontaine.

Les trois classes de la société féodale

Le système féodal ne concerne toutefois que les seigneurs, c'est-à-dire les membres de la classe dominante de la société. Mais ce système ne pourrait subsister sans la participation d'une classe inférieure, celle des paysans qui cultivent la terre et nourrissent les seigneurs. Plus généralement, la société médiévale est perçue dès l'an mille comme une société composée de trois classes : ceux qui combattent (les seigneurs), ceux qui travaillent (les paysans) et ceux qui prient (les clercs). Dans les romans de Chrétien de Troyes, comme dans la plupart des romans de l'époque, les personnages appartiennent tous à la classe des seigneurs. Cependant, *Yvain* fait exception, en accordant une place plus importante que de coutume aux deux autres classes. En effet, l'auteur donne un aperçu de la misère ouvrière de l'époque en décrivant les tisseuses de soie à Pesme-Aventure. De même, la classe des clercs tient un rôle non négligeable : rapidement évoquée à l'occasion du mariage d'Yvain et de Laudine : « Il y eut beaucoup de mitres et de crosses, car la dame avait fait venir les évêques et les abbés », elle apparaît métaphoriquement avec la figure de l'ermite que Yvain rencontre dans la forêt. L'auteur évoque les difficultés économiques de cet homme : le mauvais pain et le troc des peaux de bêtes contre la farine. Naturellement il ne faut pas surestimer l'importance de ces deux classes dans le roman. La majorité des personnages sont des guerriers nobles, ceux que le roman appelle « chevaliers ».

Les chevaliers au Moyen Âge

Les chevaliers sont avant tout des professionnels de la guerre. À l'origine, ils étaient rassemblés autour d'un seigneur qui leur fournissait leur coûteux équipement, les armes et le

cheval, en échange de la défense de sa demeure. Durant les Xe et XIe siècles, ces hommes armés s'affrontent entre eux, et l'on dénonce souvent leur violence, en particulier quand elle atteint ceux qui sont incapables de se défendre (les clercs, les femmes et les pauvres). L'Église engage alors un programme de paix qui vise à limiter les actes de violence envers les personnes sans défense, dans certains lieux et à certaines périodes (« paix de Dieu »). À partir du XIIe siècle, un nouvel idéal chevaleresque commence à s'imposer, qui repose sur la protection des faibles, la loyauté, la générosité : les valeurs plus proprement guerrières – le courage, la fidélité au chef – se substituant à des valeurs chrétiennes. L'Église cherche à sanctifier la chevalerie : l'adoubement (remise de ses armes au chevalier) se prépare par une nuit de prières, puis par une messe, tandis qu'un clerc bénit les armes. En même temps, le titre de chevalier devient héréditaire, faisant de tout chevalier un noble.
Naturellement, les chevaliers sont idéalisés par les romans de Chrétien de Troyes, leurs équivalents dans la réalité n'étant sûrement pas aussi généreux, aussi courtois et aussi humbles. Il y a néanmoins dans la chevalerie idéale des romans courtois un reflet de la morale chevaleresque que l'Église cherche à promouvoir. Yvain sert alors de modèle aux chevaliers à qui on lit le roman : il met sa valeur guerrière au service des jeunes filles sans défense ; il se montre toujours loyal, respectueux de la religion et ne cherche jamais à tirer un quelconque profit de ses victoires.

Le cadre culturel

La seconde moitié du XIIe siècle amorce un véritable renouveau culturel : c'est la construction des premières cathédrales gothiques le développement de la polyphonie en musique, et surtout la naissance d'un nouvel art de vivre à la cour, la courtoisie. On a ainsi pu parler de véritable « renaissance » du XIIe siècle.

L'art gothique

Sous le règne de Louis VII apparaît un nouveau style d'architecture, l'art français, que nous appelons « gothique » aujourd'hui. Le gothique succède à l'art « roman » apparu au début du millénaire. On a dit de quelle manière le roi, dont la piété était intense, avait étroitement associé son pouvoir à celui de l'Église. C'est tout naturellement qu'il a donc encouragé la rénovation et la construction des églises. L'abbé Suger de Saint-Denis et son équipe d'artisans définissent un nouveau style qui met la lumière au centre de l'église, parce qu'il est dit dans la Bible que Dieu est Lumière. De récentes découvertes architecturales le permettent désormais : l'architecture ogivale répartissant les poussées sur des piliers et des contreforts, les murs n'ont plus besoin d'être aussi massifs et peuvent être percés de rosaces et de fenêtres hautes ornées de vitraux qui laissent entrer la lumière à flots. Les cathédrales s'élancent vers le ciel, s'opposant ainsi aux églises romanes, de bien plus petite taille. En même temps, on abandonne les sculptures pittoresques de l'art roman pour un décor floral plus dépouillé. Dans toute la province capétienne, on suit l'exemple de Suger : à Chartres, on décore le portail royal ; Louis VII offre à l'évêque de Paris une grosse somme d'argent pour voûter le chœur de Notre-Dame. On commence à construire les cathédrales de Noyon, Senlis et Laon. Mais c'est sous le règne de Philippe Auguste que s'épanouissent les plus belles cathédrales gothiques, à Chartres, Reims, Rouen, Bourges…

La polyphonie

En même temps que se transforme l'architecture religieuse surgit une nouvelle technique de chant : la polyphonie. Jusqu'à présent, la musique liturgique s'incarnait dans le « chant grégorien ». Cette technique musicale, instituée par Grégoire Ier au VIe siècle repose sur le plain-chant, autrement dit le chant simple, à voix égales, d'une seule mélodie. À partir du XIIe siècle, l'école de Notre-Dame à Paris développe des formes nouvelles (le contrepoint, c'est-à-dire l'ajout d'une vocalise à la mélodie unique) avant de fonder la polyphonie. Avec le musicien Pérotin, entre autres, le chant comprend désormais trois ou quatre mélodies en même temps, évo-

Reims. La cathédrale Notre-Dame, face ouest.

luant en mouvements contraires. On trouve dans *Yvain* un écho à cette polyphonie quand le narrateur décrit avec précision le chœur d'oiseaux de la fontaine : « Tous les oiseaux chantaient en un chœur harmonieux ; chacun chantait un air différent, car je n'entendis jamais deux fois la même mélodie. »

La courtoisie

C'est également au XIIe siècle que naît dans le midi de la France une idéologie nouvelle qu'on appelle « courtoisie ». De façon très générale, elle se définit comme un art de vivre à la cour qui implique raffinement, générosité, loyauté, noblesse de cœur, et surtout respect et amour des dames. Les châtelaines instruites discutaient sur les délicatesses du sentiment tandis que les chevaliers, dans les tournois, joutaient au nom de la dame de leur cœur. La figure d'Aliénor d'Aquitaine aurait joué un rôle dans l'épanouissement de ce courant. À sa cour, en effet, une large place est laissée aux plaisirs mondains, à l'amour et aux exploits chevaleresques. Sa fille, Marie de Champagne, l'imite en tenant à Troyes une cour brillante. Plus tard, Aliénor, mariée à Henri Plantagenêt, transporte sa cour et ses poètes en Normandie puis en Angleterre, avant de se retirer à Poitiers, sans son mari. Ces femmes ont ainsi contribué au déplacement de la courtoisie du sud vers le nord.
Le développement de la courtoisie révèle en fait le conflit culturel qui oppose le roi de France de ses vassaux. En promouvant une idéologie qui laisse une large place à l'amour et aux plaisirs mondains, les seigneurs expriment leur indépendance vis-à-vis de la rigueur morale et de l'extrême piété du roi de France Louis VII.

Le contexte littéraire

La naissance de la littérature en français

Dans les débuts du Moyen Âge, la langue écrite diffère de la langue parlée. En effet, les hommes d'Église et les lettrés écrivent toujours en latin. En revanche, on parle une langue qui est assez éloignée du latin classique : on l'appelle latin vulgaire ou plus simplement « langue vulgaire » (c'est-à-dire « langue du peuple »). Aux alentours du Xe siècle, le latin vulgaire a tellement évolué qu'il n'a plus grand-chose à voir avec le latin : il est devenu une autre langue, qu'on appelle à l'époque « roman », et aujourd'hui « ancien français ».

Cependant, cet ancien français n'est pas le même dans tout le pays : il présente des variantes plus ou moins importantes selon les régions. Au total, on distingue deux grands groupes linguistiques dans la France médiévale : la langue d'*oïl*, qui est parlée au nord de la Loire, et la langue d'*oc*, parlée au sud de la Loire (*oïl* et *oc* sont les façons de dire « oui » dans chacune de ces langues). Ces deux langues se divisent elles-mêmes en différents dialectes ; au sein de la langue d'oïl, on distingue entre autres le dialecte francien, le picard, le normand, le bourguignon, ou le champenois.

Théoriquement, cet ancien français est une langue orale, le domaine de l'écrit étant réservé au latin. Toutefois, il arrive un moment où la langue parlée (le roman) s'est si bien transformée que les gens qui n'ont pas fait d'études ne comprennent plus les textes latins qu'on leur lit. À l'église, par exemple, le peuple ne peut plus suivre un sermon en latin. De même, un chevalier ne saisit pas une histoire qu'on lui lit en latin. C'est alors que certains clercs décident d'utiliser le roman à l'écrit, afin d'être compris de tous ceux à qui ils lisent leurs textes. C'est ainsi que naît la littérature de langue française.

Un nouveau genre : le roman

À l'origine, le terme « roman » ne désigne rien d'autre qu'un texte écrit en langue romane, par opposition à un texte écrit en latin. Quand les auteurs se mettent à utiliser la langue française à l'écrit, ils se déclarent tributaires des textes latins, qu'ils traduisent ou adaptent. Au Moyen Âge, en effet, la création et l'invention pures ne sont pas reconnues. L'usage veut que l'on se réfère à une source antérieure (de préférence latine), quitte à ne pas la respecter, parce que cette époque valorise la tradition antique. Ainsi, le *Roman de Thèbes*, qui est l'un des premiers romans français, adapte la *Thébaïde* de Stace, poète latin du Ier siècle. Ce travail d'adaptation d'un texte latin en français s'appelle une « mise en roman ».

Avec Chrétien de Troyes, cette pratique de la mise en roman se modifie. Dans *Yvain*, par exemple, l'auteur ne revendique aucune source latine, et dans le prologue du *Chevalier de la charrette*, il déclare « entreprendre un roman ». Le verbe « entreprendre » est ici significatif : l'auteur ne considère plus le roman comme une simple traduction, mais comme un acte de création à part entière, délivré de la référence latine (même si, comme on va le voir, son œuvre est nourrie de légendes bretonnes).

Toutefois, ce que Chrétien de Troyes appelle « roman » n'a que peu de rapport avec le roman d'aujourd'hui. Voici les principales caractéristiques de ce genre au Moyen Âge :

– Le roman est un texte lu à haute voix. Il n'est pas chanté comme certains textes antérieurs (les « chansons de geste »), ni lu mentalement comme aujourd'hui. Cette pratique de la lecture à voix haute est liée au public auquel s'adresse le roman. Bien souvent, les chevaliers et autres gens de cour ne savent pas lire : il faut donc que des clercs leur fassent la lecture.

– Le roman est écrit en vers (en octosyllabes), le roman en prose n'apparaissant qu'au XIIIe siècle.

– L'écriture versifiée du roman est continue, il n'y a pas de chapitres (la chanson de geste, au contraire, est divisée en « laisses », sortes de strophes qui permettent au chanteur de reprendre son souffle).

– L'amour est l'un des thèmes principaux du roman, au point que l'on parle souvent de romans « courtois » pour désigner les œuvres de Chrétien de Troyes.

Le roman se définit aussi par rapport à la tradition textuelle dans laquelle il s'inscrit. En effet, bien que les auteurs de romans s'affranchissent des textes latins, ils s'inspirent néanmoins, dans une mesure plus ou moins grande, d'une tradition littéraire constituée de récits, de légendes, ou de personnages qu'on appelle « matière ».

Les trois matières en littérature
On distingue ainsi trois matières au Moyen Âge : la chanson de geste s'inspire de la matière de France, tandis que le roman s'inspire de la matière antique ou de la matière de Bretagne.
La matière de France est constituée par l'héritage historique et légendaire franc. Elle raconte les hauts faits du roi Charlemagne et de ses barons et glorifie à travers cet empereur la figure du roi de France ainsi que la victoire de la chrétienté sur l'islam. C'est la chanson de geste qui utilise cette matière ; la plus connue est la *Chanson de Roland*.
La matière antique désigne bien sûr les œuvres de l'Antiquité que certains auteurs adaptent ou réécrivent complètement. Ainsi, Benoît de Sainte-Maure raconte, dans le *Roman de Troie* (avant 1172), la guerre de Troie d'après des textes latins ; de même, le *Roman d'Eneas* (vers 1160) qui s'inspire de l'*Énéide* de Virgile. En revendiquant de telles sources, ces romans prétendent à la vérité historique. On appelle « romans antiques » les œuvres nourries de cette matière.
La matière de Bretagne, enfin, est un ensemble de légendes celtiques et irlandaises venues de Bretagne (ce mot désigne à la fois la Grande-Bretagne d'aujourd'hui et la « petite » Bretagne française). C'est de cette matière que s'inspire Chrétien de Troyes. Le « roman breton » accorde une plus grande place à l'invention, au merveilleux et à l'amour. En effet, à la différence du roman antique, il ne prétend plus à la vérité historique : le roi Arthur a bien existé, au VIe siècle, mais on sait peu de choses à son sujet. La référence à ce roi n'est donc que légendaire. D'ailleurs, aucune date n'est jamais mentionnée dans ces romans, tant l'exactitude historique n'est pas de mise. Par exemple, dans le prologue d'*Yvain*, l'auteur évoque « ce roi qui a tellement marqué son époque que l'on en parle dans tous les pays » (extrait non cité dans notre édition), sans plus de précision. En outre, l'ensemble des légendes celtiques qu'utilise Chrétien est extrêmement diffus et ne peut se réduire à un texte particulier que reprendrait l'auteur. La part d'invention et de création est donc plus grande.

Au total, le choix que fait Chrétien de la matière de Bretagne est significatif. En refusant de s'appuyer sur les œuvres de l'Antiquité, il rompt avec la conception d'une littérature qui ne serait qu'ornementation ou adaptation des textes anciens. La création littéraire est désormais clairement revendiquée. Par ailleurs, le roman de Chrétien exalte la figure d'Arthur, le roi breton, qui fait alors concurrence à celle du roi de France. Il préfère aussi les aventures merveilleuses d'un chevalier aux exploits guerriers des défenseurs de la chrétienté. Le choix de la matière de Bretagne est donc idéologique : c'est pourquoi les auteurs de romans bretons ont vécu dans des cours qui voulaient montrer leur indépendance vis-à-vis du roi de France, telle la cour de Champagne où Chrétien a résidé ; telle surtout la cour d'Henri Plantagenêt, qui entend, par la promotion de la figure d'Arthur, légitimer son pouvoir face au roi de France.

Yvain dans l'œuvre de Chrétien de Troyes

Avec *Yvain*, Chrétien de Troyes se démarque de son précédent roman, *Cligès*, qui mêlait la matière arthurienne à un cadre gréco-oriental, l'action se situant à la fois à Constantinople, en Bretagne et en Grèce. En plaçant toute l'action d'*Yvain* dans le contexte de la cour arthurienne, l'auteur renoue avec son premier roman, *Érec et Énide*, qui d'ailleurs mentionne déjà Yvain, le fils du roi Urien, quand il énumère quelques-uns des chevaliers de la Table ronde.

Mais le rapprochement le plus intéressant est avec *Le Chevalier de la Charrette*, qui aurait été écrit en même temps qu'*Yvain*. En effet, on trouve dans le texte lui-même des allusions, à trois reprises, aux aventures de Lancelot. Ainsi, à la page 81, Lunette emprisonnée dit à Yvain : « Un chevalier a emmené la reine, à ce qu'on m'a dit, et le roi fut assez fou pour l'[Gauvain] envoyer à sa recherche, et je crois bien que Keu la conduisit au chevalier qui l'enleva. C'est dans une rude aventure que messire Gauvain s'est engagé en partant à sa recherche. » Par le biais du personnage de Gauvain, le roman entrelace les histoires de Lancelot et d'Yvain, donnant l'impression au lecteur que les deux aventures sont simultanées. Outre le caractère inédit de ce procédé d'« entrelacement », qui sera très exploité dans les romans en prose du XIIIe siècle, certains critiques (voir en particulier E. Baumgartner, *Yvain, Lancelot, la charrette et le lion*) ont vu dans ce renvoi au *Chevalier de la Charrette* le signe d'un lien essentiel entre les deux romans, l'un devant se lire par rapport à l'autre.

Cette perspective est particulièrement riche vis-à-vis de l'amour, qui est traité selon des perspectives différentes dans les deux romans. En effet, Lancelot incarne en tous points le type de l'amant courtois, qui s'engage dans une passion adultère avec la reine Guenièvre. L'amour est son unique adjuvant dans les nombreux exploits qu'il réalise. Yvain, au contraire, choisit la voie de l'amour conjugal dès le début de ses aventures, et, s'il doit y renoncer pendant un temps, il le reconquiert au terme d'épreuves surmontées avec l'aide d'anneaux magiques puis d'un lion. La comparaison des deux romans révèle ainsi deux types d'amants et deux conceptions de la chevalerie. On a souvent pensé que les préférences de Chrétien de Troyes allaient à l'amour conjugal, et qu'il aurait été quelque peu contraint de traiter dans *Le Chevalier de la Charrette* un sujet imposé par la comtesse de Champagne, celle-ci lui en ayant fourni « la matière et le sens », ainsi qu'il l'écrit dans le prologue. Comme il est impossible de connaître les convictions de l'auteur sur cette matière, il est plus prudent de voir dans ces deux romans une sorte de diptyque sur l'amour, l'un conjugal, l'autre adultère, qui invite les lecteurs et lectrices des cours au débat, afin qu'ils choisissent leur camp.

VIE ET ŒUVRES DE CHRÉTIEN DE TROYES	ÉVÉNEMENTS LITTÉRAIRES
Vers 1135 Naissance de Chrétien de Troyes.	1135 Geoffroi de Monmouth, *Histoire des rois de Bretagne* (en latin).
	1150-1180 Âge d'or de la poésie des troubadours dans le Midi.
	1155-1160 Wace, *Roman de Brut.* *Roman d'Énéas.* *Roman de Thèbes.* Benoît de Sainte-Maure, *Roman de Troie.* Wace, *Roman de Rou.*
Vers 1165 *Philomena.*	
Vers 1170 *Érec et Énide.*	Vers 1170 Thomas, *Tristan.* Vers 1175 Marie de France, *Lais.* Benoît de Sainte-Maure, *Histoire des ducs de Normandie.*
1176 *Cligès.* 1177-1180 *Le Chevalier de la Charrette.* *Le Chevalier au Lion.* Vers 1181 *Perceval ou le Conte du Graal.*	1181 Béroul, *Tristan.* 1186 André le Chapelain, *Traité de l'amour courtois.*
Vers 1190 Mort de Chrétien de Troyes.	

TABLEAU CHRONOLOGIQUE

Événements artistiques	Événements historiques et politiques
1132-1144 Construction de la basilique de Saint-Denis par Suger : début du gothique.	
	1137 Louis VII, roi de France, épouse Aliénor d'Aquitaine.
Vers 1140 Nef de la cathédrale de Sens.	
	1147-1149 Deuxième croisade.
	1152 Aliénor d'Aquitaine, répudiée, épouse Henri Plantagenêt.
Vers 1153 Début de l'édification des cathédrales gothiques de Noyon et Senlis. Introduction de la courtoisie à la cour anglo-normande.	
	1154 Henri Plantagenêt roi d'Angleterre (Henri II).
1160 Début de la construction de la cathédrale de Laon.	
1163 Notre-Dame de Paris (début des travaux).	**1164** Marie, fille de Louis VII, épouse le comte de Champagne.
À partir de 1165 Introduction de la courtoisie à la cour de Champagne.	
	1166 Henri II se rend maître de la Bretagne.
	1170 Assassinat de Thomas Beckett.
À partir de 1180 Pérotin, maître de chapelle de Notre-Dame, développe la polyphonie.	**1180-1223** Règne de Philippe Auguste.
	1189 Richard Cœur de Lion roi d'Angleterre.

GENÈSE DE L'ŒUVRE

Les sources de l'univers arthurien

La plupart des romans de Chrétien de Troyes se situent à la cour bretonne du roi Arthur. Cet univers s'impose comme une donnée déjà connue, l'auteur ne présentant pas ses personnages (Arthur, Guenièvre, Keu, Gauvain, Yvain), parce que le lecteur les a déjà rencontrés. En fait, les romans de Chrétien de Troyes contiennent toujours les mêmes personnages en toile de fond – d'où l'appellation de « romans arthuriens ». Chrétien n'est pas l'inventeur de cette cour ni de ces personnages : ils ont été constitués avant lui par des auteurs du XIIe siècle.

Vers 1135, Geoffroi de Monmouth rédige une chronique en prose latine : l'*Historia regum Britanniae (Histoire des rois de Bretagne)*. Ce texte retrace l'histoire de l'actuelle Grande-Bretagne depuis ses origines jusqu'à la fin du VIIe siècle. L'intérêt de cette chronique est qu'elle réécrit l'histoire en assignant un rôle crucial à Arthur, roi breton qui a su résister aux invasions anglo-saxonnes du VIe siècle, et qui serait allé jusqu'à menacer Rome. Sans respect pour la vérité historique, l'auteur fait d'Arthur, chef militaire mineur, un conquérant redouté d'envergure internationale.

Vers 1155, Wace, écrivain anglo-normand, popularise cette chronique en l'adaptant en « ancien français » : c'est le *Roman de Brut,* ainsi nommé parce qu'il fait d'Arthur un lointain descendant de Brutus, petit-fils d'Énée. Wace servait par ce biais l'image du roi d'Angleterre, Henri Plantagenêt, et de sa femme, Aliénor d'Aquitaine, à la cour desquels il résidait.

Ces deux chroniques sont à l'origine de l'univers arthurien que l'on retrouve chez Chrétien de Troyes. Elles relatent la naissance d'Arthur, fils d'Uterpendragon, grâce à l'intervention magique de Merlin. Arthur se montre ensuite un conquérant insatiable, qui, par ses qualités (prouesse, générosité, noblesse et mesure), se trouve à la tête d'une cour magnifique et courtoise où domine aussi sa femme

Guenièvre. Apparaît également chez Wace la fameuse Table ronde, qui rassemblait les meilleurs chevaliers vassaux d'Arthur dans un idéal d'égalité. Parmi ces brillants guerriers, on trouve Gauvain, Keu le sénéchal, et aussi Yvain, le fils du roi Urien. Le héros du *Chevalier au Lion* n'est donc pas une invention de Chrétien de Troyes, même s'il n'est alors qu'un nom parmi d'autres, sans plus de consistance. En outre, Wace raconte que, pendant la période de paix qui a suivi les premières conquêtes d'Arthur, de merveilleuses aventures se sont produites, sources de nombreuses fables des conteurs. C'est pendant cette période d'aventures et de merveilles que Chrétien de Troyes place son roman.

Extrait du *Roman de Brut,* de Wace.

« Y [à la cour d'Arthur] affluaient de maintes terres ceux qui étaient en quête de gloire et de renommée, tant pour entendre la courtoisie des propos d'Arthur que pour voir ses domaines, que pour faire la connaissance de ses chevaliers, que pour recevoir les dons somptueux qu'il distribuait. Arthur était aimé des pauvres gens et il inspirait beaucoup de respect aux puissants. Il faisait de l'ombrage aux rois des autres pays qui avaient très peur qu'il conquît le monde entier et les dépouillât de leurs terres.

C'est durant cette période de paix – je ne sais si vous en avez entendu parler – où l'on admirait autant sa générosité qu'on craignait sa prouesse, qu'advinrent toutes ces merveilles et que se produisirent toutes ces aventures que l'on a si généreusement contées sur Arthur qu'elles ont fini par sembler pures affabulations. »

La Geste du roi Arthur, présentation,
édition et traduction par Emmanuèle Baumgartner
et Ian Short, 10/18, 1993.

Les sources d'*Yvain*

L'aventure d'*Yvain* n'a pas non plus été inventée par Chrétien de Troyes. À l'origine de cette histoire se trouvent probablement plusieurs légendes et mythes issus de la matière de Bretagne. Toutefois, dans ce vaste ensemble, il est difficile de distinguer quelles sont les sources effectives de l'œuvre car on possède peu de traces de ces contes celtiques.

La matière de Bretagne

L'histoire d'Yvain a sûrement sa source dans les récits oraux des conteurs gallois, dont les retranscriptions écrites antérieures au XIIIe siècle ont été perdues. Toutefois, on peut avoir une idée assez précise de ces contes grâce à un court récit gallois en prose (un « mabinogion »), *Owein et Lunet* qui, bien qu'écrit après *Yvain*, reprend une histoire sûrement bien antérieure. On pense ainsi que Chrétien de Troyes et ce récit gallois s'inspirent d'une source commune, aujourd'hui perdue. La comparaison des deux textes permet de déterminer quelle est la part de création de Chrétien de Troyes par rapport à ces légendes galloises.

– Le schéma narratif.

Les aventures d'Owein et d'Yvain sont semblables jusqu'à l'épisode du bûcher. Ensuite, Owein vainc les accusateurs de Lunette, puis retourne aussitôt au domaine de la fontaine pour emmener sa dame à la cour d'Arthur. L'auteur gallois précipite donc le dénouement et ne mentionne pas l'épisode des sœurs de Noire-Épine, qui doit être une invention de Chrétien. Après la réconciliation d'Owein et de la dame, le récit ajoute, sans transition, un épisode qui rappelle celui de Pesme-Aventure. Toutefois, les jeunes filles enfermées dans le château ne sont pas des tisseuses exploitées par un seigneur, mais des femmes nobles enfermées par un démon. Toute la dimension sociale de ce passage – image de l'exploitation des ouvrières – est absente du récit gallois.

– Le merveilleux.

Chrétien a considérablement atténué les épisodes merveilleux de ses sources. Dans *Owein et Lunet,* la dame de la fontaine et Lunette sont des fées ; la fille du vavasseur accueillant est figurée par vingt-quatre pucelles qui s'apparentent également à des fées ; le vilain n'est plus un homme, mais une créature de l'Autre Monde, aux pouvoirs magiques. Chrétien gomme donc une part du merveilleux celtique pour ancrer davantage son récit dans la réalité médiévale.

– La brièveté du récit gallois.

L'histoire d'*Owein et Lunet* se distingue foncièrement du roman d'*Yvain* par sa brièveté et la sécheresse du récit. La psychologie des personnages, par exemple, est à peine décrite, et on ne commente pas leurs réactions. Ainsi, les amours d'Owein et de la dame de la fontaine paraissent bien « expédiés » pour qui a lu le roman de Chrétien. Les lamentations d'Yvain et les scrupules de la dame sont à peine évoqués, et Lunette n'intervient pas dans la réconciliation des héros.

Au total, le récit gallois constitue une sorte de trame qui donne à l'auteur ses personnages et les principaux épisodes. Chrétien de Troyes a donc dû profondément enrichir ses sources, en développant les caractères, les épisodes et en substituant au monde celtique un univers plus médiéval.

Extraits d'*Owein et Lunet* (appelé aussi *La Dame de la Fontaine*).

Voici la fin de l'épisode du bûcher (au moment où Owein tue ses adversaires) et le dénouement du conte.

« Les deux valets avaient le dessus sur lui. Le lion ne cessait de rugir à cause du danger où était Owein ; il finit par faire brèche dans les pierres, et sortir. En un clin d'œil, il tua un des valets, et, aussitôt après, l'autre. C'est ainsi qu'ils sauvèrent Lunet du feu. Owein et Lunet allèrent ensemble au domaine de la fontaine ; et, quand Owein en sortit, il emmena la dame avec lui à la cour d'Arthur, et elle resta sa femme tant qu'elle vécut. »

Voici le portrait du gardien des bêtes sauvages (équivalent du vilain de Chrétien de Troyes), tel que l'hôte accueillant le décrit, puis tel qu'il apparaît à Owein.

« tu verras un grand homme noir, aussi grand au moins que deux hommes de ce monde-ci ; il n'a qu'un pied et un seul œil au milieu du front »

« En y arrivant, il me sembla bien voir là au moins trois fois plus d'animaux sauvages que ne m'avait dit mon hôte. L'homme noir était assis au sommet du tertre ; mon hôte m'avait dit qu'il était grand :

il était bien plus grand que cela. [...] Je lui demandai quel pouvoir il avait sur ces animaux. "Je te le montrerai, petit homme", dit-il. Et de prendre son bâton et d'en décharger un bon coup sur un cerf. Celui-ci fit entendre un grand bramement, et aussitôt, à sa voix accoururent des animaux en aussi grand nombre que les étoiles dans l'air, au point que j'avais grand'peine à me tenir debout au milieu d'eux dans la clairière ; ajoutez qu'il y avait des serpents, des vipères, toutes sortes d'animaux. Il jeta les yeux sur eux et leur ordonna d'aller paître. Ils baissèrent la tête et lui témoignèrent le même respect que des hommes soumis à leur seigneur. "Vois-tu, petit homme", me dit alors l'homme noir, "le pouvoir que j'ai sur ces animaux." »

Les Mabinogion, contes bardiques gallois,
traduction de Joseph Loth, Les Presses d'aujourd'hui, 1979.

Les réminiscences antiques

Chrétien de Troyes, en tant que clerc, connaissait bien la littérature latine. L'une de ses premières œuvres, *Philomena,* est une adaptation des *Métamorphoses* d'Ovide. Dans ce contexte, on peut penser que certains motifs latins se retrouvent dans *Yvain.* Toutefois, parce qu'ils apparaissent de façon ténue et éparse dans l'œuvre, il vaut mieux parler de « réminiscence » plutôt que de source. En voici quelques exemples.

Certains aspects du personnage de Laudine seraient inspirés des préceptes de *L'Art d'aimer,* du poète latin Ovide. L'auteur s'amuse, dans ce traité, à donner des leçons de séduction aux jeunes gens. Il écrit ainsi :

« C'est souvent aux funérailles d'un homme qu'on trouve un ami. Marcher les cheveux épars et donner libre cours à ses larmes sied bien à une femme. »

Ovide, *L'Art d'aimer,* Livre III,
traduction par Henri Bornecque, Belles Lettres.

Ce précepte rappelle naturellement la situation de Laudine, dont les larmes et la douleur, aux funérailles de son mari, attisent l'amour d'Yvain. L'auteur conseille aussi à l'amoureux d'utiliser la servante de celle qu'il aime, comme Yvain le fait avec Lunette :

« Mais d'abord, lie connaissance avec la servante de la femme que tu veux séduire : tu dois t'y employer. C'est elle qui te facilitera les premiers pas. Assure-toi de la part qu'elle a dans la confidence de sa maîtresse, et de sa complicité assurée et discrète pour tes amours. [...] Elle choisira le moment favorable [...] où l'âme de sa maîtresse est bien disposée et se prête à la séduction. »

Ovide, *L'Art d'aimer,* Livre I, ouvr. cité.

Par ailleurs, le motif du lion reconnaissant serait emprunté à l'écrivain latin Aulu-Gelle qui, dans *Les Nuits attiques,* rapporte l'histoire d'Androclès, un esclave jeté dans l'arène à Rome, mais qui est épargné par un lion qu'il a autrefois guéri d'une blessure. L'esclave raconte à César son aventure, survenue en Afrique, alors qu'il s'était réfugié dans une grotte :

« il [le lion] s'approcha doux et apprivoisé, souleva sa patte, et parut me la montrer et me la tendre comme pour demander secours. Alors, dit-il, j'arrachai une immense racine fixée à la plante de sa patte [...] Soulagé par mon aide et par mes soins, sa patte dans mes mains, il se reposa et se calma, et à partir de ce jour nous avons pendant trois années entières, moi et le lion, vécu dans la même grotte et aussi de la même nourriture. Car les bêtes qu'il chassait, il m'en présentait à la grotte les morceaux les plus charnus. »

Aulu-Gelle, *Nuits attiques,* Livre V,
traduction de René Marache, Belles Lettres.

Ces exemples, choisis parmi d'autres, montrent que la culture latine de Chrétien de Troyes nourrit ses romans, même si son influence reste minime par rapport à celle de la matière de Bretagne.

Moine copiste, XVᵉ *siècle.*
Paris, Bibliothèque nationale.

Yvain
ou
le Chevalier au Lion

CHRÉTIEN DE TROYES

roman arthurien

écrit entre 1177 et 1180

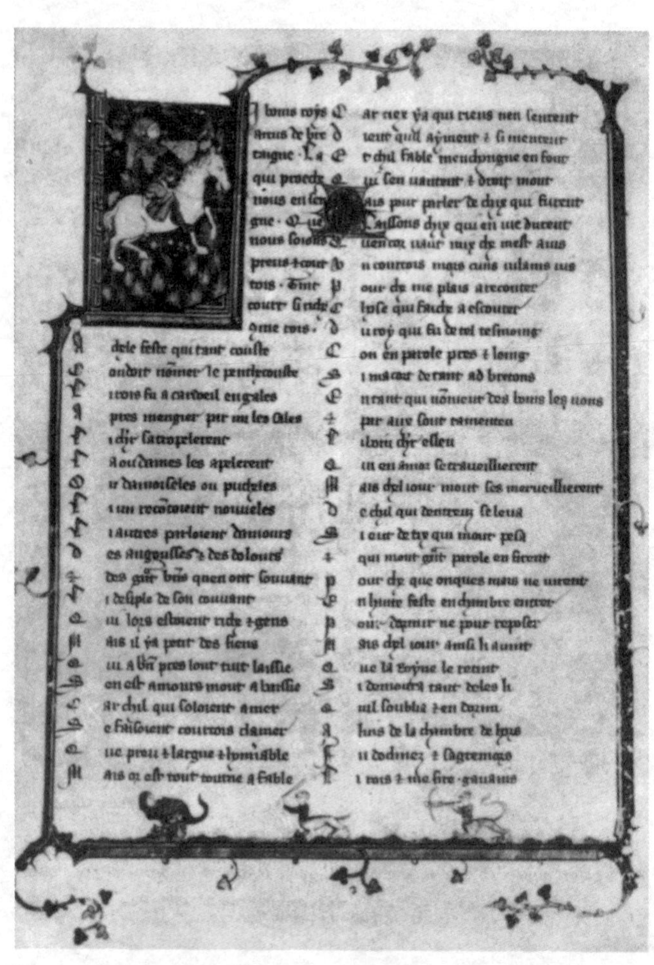

Yvain : *première page d'un manuscrit français du* XIIIe *siècle. Paris, Bibliothèque nationale, ms. fr. 1433.*

LE RÉCIT DE CALOGRENANT

Lors de la fête de la Pentecôte, Arthur, le sage roi de Bretagne, a rassemblé sa cour à Carduel, au pays de Galles. Après le repas, les chevaliers et les dames échangent des nouvelles et parlent d'amour. Le roi Arthur se retire alors dans sa chambre, accompagné de la reine. À la porte de la chambre, un groupe de chevaliers – Dodinel, Sagremor, Keu, Gauvain et Yvain – s'assemblent autour de Calogrenant : celui-ci veut raconter l'une de ses mésaventures qui lui a valu bien du déshonneur. À ce moment-là, la reine sort de la chambre pour se joindre aux auditeurs. Seul Calogrenant la voit ; il est donc le premier à se lever pour l'accueillir.

Et Keu, qui était très malveillant, perfide et acerbe (une vraie langue de vipère), lui dit :

« Par Dieu, Calogrenant, vous voilà plein de bravoure et de fougue, et, assurément, je suis fort aise que vous soyez le plus courtois[1] d'entre nous ; c'est bien votre sentiment, je le sais, tête sans cervelle que vous êtes ! Et il est naturel que madame la reine soit persuadée que vous êtes plus courtois et plus valeureux que nous tous : apparemment, c'est pure paresse si nous ne nous sommes pas levés à son arrivée, à moins que ce ne soit dédain ! Mais non, par Dieu, sire, c'est tout simplement que nous ne l'avions pas aperçue avant que vous vous leviez.

— Keu, dit la reine, vous crèveriez[2], j'imagine, si vous ne pouviez dégorger le venin dont vous êtes plein. Vous êtes insupportable et odieux de vous en prendre ainsi à vos amis !

1. **Courtois :** qualité d'un individu digne du raffinement de la cour.
2. **Crèveriez :** Keu, chevalier réputé pour ses moqueries incessantes, est comme gonflé de venin (de méchanceté), qu'il doit déverser sous peine d'éclater.

— Madame, repartit Keu, si nous ne gagnons rien à vous avoir parmi nous, prenez garde que nous n'y perdions rien non plus. Je n'ai pas, que je sache, prononcé de parole qui pût sembler désobligeante ; plus un mot là-dessus, s'il vous plaît : il n'est ni courtois ni raisonnable de se quereller pour des riens, et de les monter en épingle. Faites-nous plutôt poursuivre le récit que Calogrenant a commencé : ce n'est pas ici le lieu de se montrer aigre. »

Calogrenant réplique :

« Madame, cette dispute ne m'affecte pas : je n'en suis guère atteint, et en fais peu de cas[1]. Si Keu m'a offensé, le mal n'en sera pas grand. Sire Keu, vous avez déjà injurié et blessé des personnes plus méritantes et plus sages que moi ; et c'est assez votre habitude. Car toujours le fumier sentira, toujours les taons piqueront, les bourdons bourdonneront, les fâcheux importuneront et nuiront. Je ne conterai plus rien aujourd'hui, si Madame le permet ; je la prie de ne pas insister et de ne pas me demander de faire ce dont je n'ai pas envie : je lui en saurais gré.

— Madame, dit Keu, et tous ceux qui sont ici vous en seront reconnaissants, qui écouteront Calogrenant avec plaisir : ne lui accordez pas cette faveur ; je n'en vaux pas la peine. Mais, par la foi que vous devez au roi, votre seigneur et le mien, demandez-lui de poursuivre, vous ferez bien.

— Calogrenant, dit la reine, ne vous souciez pas de ces provocations ; il est coutumier de médire, et on ne peut le corriger. Je vous le demande et vous en prie : oubliez votre ressentiment[2] et ne refusez pas de nous raconter une aventure agréable à écouter, au nom de notre amitié ; mais recommencez depuis le début.

— Madame, il m'est pénible de satisfaire votre demande, et, si je ne craignais de vous mécontenter, je me laisserais arracher une dent plutôt que de leur rien raconter aujour-

1. **En fais peu de cas** : je m'en soucie peu.
2. **Ressentiment** : rancœur, fait d'en vouloir à quelqu'un.

d'hui. Mais je ferai ce que vous voulez, quoi qu'il m'en coûte, puisque tel est votre bon plaisir. Or çà, qu'on m'écoute ! Prêtez-moi votre attention et votre cœur, car la parole se perd si elle n'est pas entendue du cœur. Il y a des gens qui ont des oreilles et qui n'entendent pas[1], tout en applaudissant ce qui se dit : ces gens-là ne perçoivent que des sons, du moment que leur cœur n'entend pas ; la parole vient aux oreilles ainsi que le vent qui vole, et elle ne s'y arrête pas plus qu'elle n'y demeure : elle s'envole aussitôt, si le cœur n'est pas en éveil, tout disposé à la capter ; car, s'il peut, lorsqu'il entend, saisir, enfermer et retenir la voix, les oreilles sont le conduit et le canal qui amène la voix au cœur. Et la voix, qui entre par l'oreille, le cœur l'attire dans la poitrine. Aussi, qui voudra m'entendre, qu'il soit tout ouïe et tout cœur, car ce ne sont pas des songes, ni des mensonges, ni des sornettes que je vais vous raconter.

« Il advint, il y a plus de sept ans, que j'allais, cherchant aventure, seul comme un paysan[2], armé de pied en cap, comme un chevalier doit être. Prenant à droite, je m'engageai dans une forêt épaisse. Le chemin était malaisé, plein de ronces et d'épines ; ce ne fut pas sans peine ni sans difficulté que je m'y engageai et poursuivis ma route. Je chevauchai ainsi presque tout le jour, jusqu'à ce que je sortis de la forêt (c'était Brocéliande[3]) ; j'entrai alors dans une lande. Je vis une bretèche[4] à une demi-lieue galloise[5] environ. Je m'y engageai au petit galop, et je vis la bretèche et le fossé qui

---

1. **Il y a des gens qui ont des oreilles et qui n'entendent pas :** allusion à un passage de la Bible *(Évangile selon Matthieu)* qui dit que seuls ceux qui écoutent avec le cœur peuvent comprendre le sens des paroles du Christ. Calogrenant demande ainsi beaucoup d'attention à son auditoire.

2. **Seul comme un paysan :** un paysan est seul par opposition au chevalier, souvent accompagné de son écuyer.

3. **Brocéliande :** forêt légendaire, pleine de fées et d'enchantements que l'on identifie à la forêt de Paimpont, en Bretagne française. On y trouve la fontaine de Barenton, qui faisait pleuvoir si l'on y versait de l'eau.

4. **Bretèche :** sorte de fortification.

5. **Demi-lieue galloise :** la lieue galloise mesure 2 208 mètres.

EXAMEN MÉTHODIQUE

Le début du roman

REPÈRES

• Le cadre spatio-temporel : quand et où se situe le début de l'histoire ?
• Quels sont les personnages présents ? Parmi ceux-ci, lesquels s'expriment au discours direct ?
• Quel est l'objet du débat entre Keu et Calogrenant ?

OBSERVATION

• **Le personnage de Keu :**
– Relevez dans son discours des propos critiques envers Calogrenant, puis envers la reine.
– Cherchez dans un dictionnaire l'origine du mot « courtoisie ». À quoi voit-on que Keu manque de courtoisie ?
– Relevez deux noms d'animaux qui, par métaphore, se rapportent à lui. Que nous apprennent-ils sur ce chevalier ?
• **L'arrivée de la reine :**
– Quels sont les indices de sa supériorité sociale sur les autres chevaliers ?
– En quoi son arrivée est-elle décisive par rapport au récit de Calogrenant (voir en particulier : « recommencez depuis le début ») ?
• **Le discours de Calogrenant :**
– Pourquoi redoute-t-il de raconter son histoire devant la reine ?
– Sa demande « Or çà, qu'on m'écoute ! » s'adresse-t-elle seulement à la cour ?
– Quels sont les deux modes d'écoute qu'oppose Calogrenant ? D'après vous, pourquoi expose-t-il cela à son auditoire ?

INTERPRÉTATIONS

• Qu'apprend-on du roi dans cette première scène ? Comment pourrait-on interpréter son absence ? Qui paraît remplacer le roi dans la scène ?

l'entourait, un fossé large et profond. Sur le pont se tenait debout le maître de la forteresse, qui portait au poing un autour mué[1]. Je ne l'avais pas encore salué qu'il était déjà venu à moi et me tenait l'étrier, me priant de descendre. Je n'avais rien d'autre à faire, car j'avais besoin d'un gîte. Aussitôt, le voilà qui me dit, plus de sept fois d'une traite, qu'il bénissait le chemin qui m'avait conduit jusque dans sa demeure. Alors, nous passâmes le pont et la porte et nous entrâmes dans la cour. Au milieu de la cour du vavasseur[2] (que Dieu lui rende la joie et l'honneur qu'il me témoigna cette nuit-là !) était suspendu un disque, tout de cuivre, je crois, sans fer ni bois. À l'aide d'un marteau qui était suspendu à un poteau, le vavasseur frappa trois coups sur le disque. À ce signal, les gens qui étaient dans le château sortirent de la demeure et descendirent dans la cour. Je sautai à bas de mon cheval, et un des serviteurs le prit ; je vis alors venir vers moi une jeune fille belle et distinguée. Je la regardai avec attention, car elle était belle, élancée et droite ; elle me désarma avec dextérité, habileté et adresse, et me revêtit d'un manteau court d'écarlate couleur paon, fourré de petit-gris[3] ; tous se retirèrent, et nous restâmes tous deux, sans témoin, à ma grande joie, car je n'y souhaitais voir qu'elle. Et elle me mena m'asseoir sous le plus joli petit pré du monde, clos, tout autour, de murs bas. Je la trouvai si bien élevée, si distinguée, de conversation si agréable, si charmante et si gracieuse que pour un empire je n'aurais pas voulu la quitter ; mais, à la nuit, le vavasseur me dérangea quand l'heure de souper fut venue. Il me fallut partir aussitôt et le suivre. Du souper je vous dirai en quelques mots qu'il me combla, puisque la jeune fille, qui y prit part, se plaça en face de moi.

1. **Autour mué :** oiseau de proie que l'on utilisait pour la chasse.
2. **Vavasseur :** vassal de peu de noblesse dans le système féodal.
3. **Un manteau court d'écarlate couleur de paon, fourré de petit-gris :** riche vêtement de laine de couleur bleue (l'écarlate désigne à l'époque une étoffe luxueuse de n'importe quelle couleur). Le petit-gris est la fourrure grise d'un écureuil de Sibérie.

Après souper, le vavasseur me dit qu'il ne savait depuis combien de temps il hébergeait les chevaliers errants qui allaient en quête d'aventures, mais qu'il n'en avait pas reçu depuis longtemps. Ensuite, il me pria de revenir chez lui à mon retour : ce serait une faveur et un plaisir pour lui ; je lui répondis : "Volontiers, sire", car c'eût été lui témoigner peu de gratitude que de refuser. » (Vers 69-266.)

Je fus fort bien logé la nuit, et mon cheval fut mis à l'écurie, car je l'avais instamment demandé le soir. Au point du jour, je vis qu'on avait satisfait ma demande ; je recommandai au Saint-Esprit mon aimable hôte et sa chère fille ; je pris congé de chacun et m'en allai dès que je pus. Je m'étais à peine éloigné de la demeure du vavasseur que je rencontrai, dans un essart[1], des taureaux sauvages qui combattaient tous entre eux et faisaient un bruit si terrible (c'étaient des bêtes farouches et indomptables) que, pour vous dire la vérité, je me reculai un peu ; car il n'y a pas d'animal aussi farouche et aussi indomptable que le taureau. Un vilain[2] ressemblant à un Maure[3], laid et hideux plus qu'il n'est possible, créature plus laide qu'on ne saurait dire, était assis sur une souche, une grande massue à la main.

Je m'approchai du vilain et vis qu'il avait la tête plus grosse que celle d'un roncin[4] ou d'une autre bête, les cheveux touffus, le font pelé et large de près de deux empans[5], les oreilles velues et grandes comme celles d'un éléphant, les sourcils grands et le visage plat, des yeux de chouette, un nez de chat, une bouche aussi largement fendue que la gueule d'un loup,

1. **Essart** : terrain défriché.
2. **Vilain** : paysan (du latin *villa*, ferme), homme de basse condition sociale, souvent méprisé par la noblesse.
3. **Maure** : habitant d'Afrique du Nord ; pour les chrétiens du Moyen Âge, le Maure est l'ennemi par excellence.
4. **Roncin** : cheval de trait de peu de valeur.
5. **Empans** : ancienne mesure désignant la distance comprise entre le pouce et l'auriculaire.

des dents de sanglier aiguës et jaunes, une barbe rousse[1] et des moustaches tortillées ; son menton joignait sa poitrine et son échine était longue, torse et bossue. Il était appuyé sur sa massue, et il était vêtu d'un habit étrange : il n'était ni de lin ni de laine, mais le vilain portait attachées à son cou deux peaux de bêtes fraîchement écorchées, de deux taureaux ou de deux bœufs. Le vilain se dressa sur ses pieds dès qu'il me vit approcher de lui. Voulut-il porter la main sur moi, ou faire autre chose ? Je ne sais mais je me mis en position de défense, tant que je vis qu'il restait dressé sur ses pieds, sans parler, sans bouger ; puis il monta sur un tronc : il avait bien dix-sept pieds[2] de haut ; il me regarda sans mot dire, comme eût fait un animal, et je pensai qu'il ne savait parler et n'avait point de raison. Cependant, je me risquai à lui adresser la parole :

« Hé, dis-moi si tu es un être bon ou non. »

Et il me dit qu'il était un homme.

« Mais quel homme es-tu ?

— Je suis comme tu me vois, et je ne change guère.

— Que fais-tu ici ?

— Je m'y tiens, et garde les bêtes de ce bois.

— Tu les gardes ? Par saint Pierre de Rome, elles ne connaissent pas l'homme ; je ne pense pas qu'on puisse, en plaine ou au bois, ni nulle part ailleurs garder en aucune façon une bête sauvage qui ne soit attachée ou parquée.

— Je garde pourtant celles-ci, et les gouverne de telle sorte qu'elles ne sortiront pas de ce parc.

— Et comment fais-tu ? Dis-le moi sans mentir.

— Il n'en est aucune qui ose bouger dès qu'elles me voient venir : quand je puis en tenir une, je l'empoigne par les deux cornes, de mes mains qui sont solides et puissantes, si bien

1. **Rousse :** connotation péjorative à l'époque, le roux étant considéré comme la couleur du diable.

2. **Pied :** ancienne mesure ; un pied vaut 32,4 cm. Le vilain fait donc plus de cinq mètres de haut !

que les autres tremblent de peur et s'assemblent autour de moi comme pour crier grâce, mais nul autre que moi ne saurait se hasarder parmi elles sans être aussitôt tué. Je suis le seigneur de mes bêtes. Mais toi, dis-moi donc à ton tour quel genre d'homme tu es, et ce que tu cherches.

— Je suis, dit Calogrenant, un chevalier en quête de ce qu'il ne peut trouver.

— Et que voudrais-tu trouver ?

— Des aventures, pour essayer ma vaillance et mon audace.

Je te le demande, je t'en prie, je t'en supplie, pourrais-tu m'indiquer une aventure merveilleuse ?

— Pour cela, tu fais fausse route : je ne connais aucune aventure, et n'ai jamais entendu dire qu'il y en eût par ici. Mais si tu voulais aller jusqu'à une fontaine qui est près d'ici, tu aurais du mal à revenir, sans te conformer à la règle qui y est attachée[1]. » (Vers 267-373.)

LA FONTAINE

Le vilain indique à Calogrenant le chemin à suivre pour atteindre la fontaine qui, étrangement, bouillonne tout en étant glacée. Un bassin de fer y est accroché, et s'il puise de l'eau avec le bassin pour en répandre sur la fontaine, une tempête effroyable se déclenchera.

Je quittai le vilain dès qu'il m'eut indiqué mon chemin. L'heure de tierce[2] était, je crois, passée, et il était près de midi lorsque j'aperçus l'arbre et la fontaine. De l'arbre je puis dire que c'était le plus beau pin qui jamais crût sur terre. Je ne crois pas qu'il eût laissé passer une seule goutte de la plus

1. **La règle qui y est attachée :** coutume attachée à la fontaine ; il y a plusieurs coutumes dans le roman, qui sont autant de règles tyranniques et immuables auxquelles tous doivent se soumettre.
2. **L'heure de tierce :** environ neuf heures du matin.

forte pluie : l'eau ne pénétrait pas son feuillage. Je vis le bassin pendu à l'arbre ; il était d'un or plus fin que celui qu'on pourrait trouver, même de nos jours, dans les foires. Quant à la fontaine, elle bouillonnait, vous pouvez m'en croire, comme eau chaude. Le perron[1] était fait d'une seule émeraude, percée comme une outre, avec quatre rubis plus flamboyants et plus vermeils que n'est le soleil au matin quand il paraît à l'horizon ; je vais maintenant vous dire tout ce que je sais avec certitude, sans mentir en rien.

Je fus curieux de voir le prodige de la tempête et de l'orage et mal m'en prit : j'y aurais renoncé aussitôt, si j'avais pu dès que j'eus arrosé le perron de l'eau du bassin. J'en versai trop, je le crains : aussitôt, je vis le ciel si troublé que plus de quatorze éclairs à la fois frappaient mes yeux ; les nuages se mirent à déverser pêle-mêle pluie, neige et grêle. Le temps était si gros et si affreux que je pensai cent fois être tué par les coups de foudre qui tombaient autour de moi et par les arbres fracassés. Sachez que je restai dans l'angoisse jusqu'au retour du beau temps. Mais Dieu me rassura bien vite, car la tempête ne dura guère, et les vents s'apaisèrent bientôt ; dès qu'il plut à Dieu de les calmer, ils n'osèrent souffler. Et quand je vis le ciel clair et pur, je fus transporté de bonheur : la joie fait oublier le tourment. Lorsque l'orage fut passé, je vis sur le pin des oiseaux attroupés en si grand nombre, si vous voulez m'en croire, qu'on ne voyait branche ni feuille qui n'en fût toute couverte ; et l'arbre en était plus beau. Tous les oiseaux chantaient en un chœur harmonieux ; chacun chantait un air différent, car je n'entendis jamais deux fois la même mélodie. Leur joie me réjouit, et j'écoutai jusqu'à la fin de leur office[2] : jamais je n'avais entendu si beau concert, et je ne pense pas qu'on puisse en entendre de semblable, à moins d'aller entendre celui-là ; il me plut et me

1. **Perron** : grosse pierre formant le devant de la fontaine.
2. **Office** : ensemble de prières ; le chant des oiseaux est assimilé aux prières chantées pendant la messe.

Examen méthodique

Le récit de Calogrenant

Repères

• Qui est le narrateur du récit ?
• Quand et où a eu lieu l'aventure racontée ?

Observation

• Quelles sont les trois étapes principales de Calogrenant dans sa quête d'aventure ? Quelle gradation se dessine dans ce cheminement ?
• Le « vavasseur accueillant » est un personnage traditionnel dans les romans courtois : en quoi consiste ici l'hospitalité ?
• Le portrait du vilain (l. 122-145) : repérez les différentes comparaisons. Quel effet produisent-elles ? Ce portrait vous paraît-il réaliste ? En quoi le rapport du vilain avec les bêtes est-il significatif ?
• La fontaine : de quoi est faite la fontaine ? Qu'indiquent les différentes pierres qui la constituent ? Montrez que l'eau versée sur le perron suscite la venue d'événements contradictoires.

Interprétations

• En reprenant la définition que Calogrenant donne de lui-même au vilain, expliquez la fonction du chevalier dans le roman courtois.
• Cherchez les différents sens du mot « merveilleux » dans un dictionnaire. Lequel s'applique à la fontaine ? Relevez tous les indices du merveilleux dans le passage.

De la lecture à l'écriture : sur le modèle du portrait du vilain, décrivez à votre tour un personnage monstrueux.

Yvain tente l'aventure

Le chevalier défie Calogrenant, furieux qu'il est d'avoir été dérangé de sa demeure par la violente tempête. Il abat Calogrenant ; honteux, celui-ci retourne chez le vavasseur qui lui confirme qu'aucun homme n'a pu vaincre le chevalier de la fontaine. Le récit est désormais fini, et Yvain reproche à Calogrenant, son cousin, de lui avoir caché si longtemps cette mésaventure. Il déclare vouloir le venger, ce qui lui vaut les moqueries de Keu. Le roi Arthur sort alors de sa chambre ; il apprend l'aventure de Calogrenant et propose de se rendre avec sa cour à la fontaine merveilleuse. Mais Yvain décide de devancer le roi afin de combattre seul le chevalier de la fontaine. Il part, trouve la fontaine, déclenche la tempête et voit le chevalier arriver.

Combat d'Yvain et du défenseur de la fontaine

Les oiseaux n'avaient pas fini de faire entendre leur joyeux ramage[1] qu'arriva, plus ardent que la braise, un chevalier qui faisait un vacarme aussi grand que s'il chassait un cerf en rut. Et dès qu'ils s'aperçurent, ils se précipitèrent l'un vers l'autre, donnant l'impression qu'ils se haïssaient à mort. Chacun avait une lance rigide et solide ; ils échangent de si grands coups qu'ils percent l'un et l'autre les écus[2] qui sont à leurs cous et mettent en pièce leurs hauberts[3] ; les lances se fendent et éclatent, et volent en tronçons[4]. Ils s'affrontent alors à l'épée, et, dans l'engagement, ils tranchent les guiges[5] de

1. **Ramage :** chant de divers oiseaux dans un arbre.
2. **Écu :** bouclier que le chevalier porte autour du cou.
3. **Haubert :** cotte de maille que portaient les chevaliers.
4. **Tronçons :** morceaux de lance.
5. **Guige :** sangle par laquelle le bouclier est attaché au cou du chevalier.

La défaite de Calogrenant.
*Miniature d'une adaptation tardive (XVIe s.) du roman d'*Yvain, le Chevalier au Lyon *de Pierre Sala.*
Paris, Bibliothèque nationale, ms. fr. 1638.

Yvain accueilli par le vavasseur et sa fille.
Miniature française du XIIIe *siècle.*
Paris, Bibliothèque nationale, ms. fr. 1433.

leurs écus et déchiquettent entièrement leurs écus, dessus et dessous, si bien que les morceaux en pendent, et qu'ils ne peuvent s'en couvrir ni s'en protéger : les ayant mis en pièces, chacun porte l'épée à découvert sur les flancs, sur la poitrine, sur les hanches de son adversaire. Ils s'affrontent avec violence, mais aucun ne bouge d'un pouce, immobile comme un rocher. Jamais deux chevaliers ne furent si acharnés à hâter leur mort. Ils veillent à ne pas frapper à l'aveuglette, et ils assènent leurs coups le plus adroitement qu'ils peuvent ; ils bossellent et enfoncent leurs heaumes[1], et les mailles des hauberts éclatent : ils font couler des flots de sang ; car le haubert de chacun d'eux est si disloqué qu'il ne le protège pas plus que ne ferait une tunique. Ils se frappent d'estoc[2] en plein visage, et c'est très étonnant que puisse tant durer une bataille si âpre et si farouche. Mais ils sont tous deux si indomptables que l'un ne céderait pour rien au monde à l'autre un pouce de terrain, à moins que ce ne soit pour causer sa perte. Et ils agirent en preux puisqu'ils ne frappèrent ni ne blessèrent en aucune façon leurs chevaux ; au contraire, ils ne se démontèrent pas, et jamais ne furent à pied : la bataille en fut plus belle.

À la fin, messire Yvain fit éclater le heaume du chevalier qui, sous le choc, fut étourdi et perdit ses esprits ; il en fut tout saisi, car jamais il n'avait reçu coup si terrible : le fer lui avait, sous la coiffe[3], fendu la tête jusqu'à la cervelle, au point que les mailles du blanc haubert étaient rouges de sang et de cervelle ; le chevalier en ressentit une douleur si vive qu'il faillit s'évanouir. Il se mit à fuir, et avec raison : il se sentait blessé à mort, et voyait bien que rien ne servait de se défendre. Dès qu'il s'en avise, il se met à fuir vers son château fort à toute allure ; le pont en était baissé et la porte grande ouverte. Et messire Yvain le talonne, éperonnant de toute sa

1. **Heaume :** grand casque de forme conique porté par les chevaliers.
2. **Frappent d'estoc :** donnent des coups avec la pointe de l'épée.
3. **Coiffe :** partie de la cotte de maille qui recouvrait le crâne.

force. Comme le gerfaut poursuit la grue[1], fond de loin sur elle, l'approche, croit l'atteindre et ne peut la toucher, ainsi Yvain pourchasse le chevalier qui fuit devant lui, le serre de si près qu'il le tient presque, qu'il l'entend gémir de la douleur qui l'étreint, sans pouvoir l'atteindre. Et le chevalier ne cesse de s'enfuir, et Yvain s'évertue à le pourchasser, car il craint d'avoir perdu sa peine s'il ne le prend mort ou vif : il se souvient des railleries de messire Keu. Il n'est pas quitte de la promesse qu'il a faite à son cousin Calogrenant, et il ne sera en aucun cas cru s'il n'apporte pas de preuves certaines de sa victoire. Le chevalier, piquant des deux[2], l'a entraîné jusqu'à la porte du château fort, et ils y sont tous deux entrés. Ils ne trouvent personne dans les rues où ils passent, et, d'un même élan, franchissent les portes du palais. (Vers 810-906.)

1. **Comme le gerfaut poursuit la grue :** le gerfaut est un faucon que l'on utilise pour la chasse. Il se jette ici sur la grue, oiseau échassier.
2. **Piquant des deux :** piquant son cheval des deux éperons afin de le lancer au galop.

Examen méthodique

Yvain combat Esclados

Repères

• Pourquoi le chevalier de la fontaine attaque-t-il Yvain ?
• À quel moment l'aventure d'Yvain se différencie-t-elle de celle de Calogrenant ?
• Le narrateur de l'aventure d'Yvain est-il le même que celui de l'aventure de Calogrenant ?

Observation

• En quoi la venue du chevalier introduit-elle un fort contraste avec le contexte précédent ?
• Relevez le champ lexical de l'armure, en précisant chaque fois quelle pièce protège quelle partie du corps.
• Quelles sont les armes des chevaliers ? Dans quel ordre les utilisent-ils ?
• Quels sont les deux temps verbaux utilisés ? Quel est l'effet produit par ces changements de temps ?
• Relevez les trois comparaisons se rapportant aux chevaliers. À quel effet visent-elles ?
• Le chevalier de la fontaine est-il déprécié par rapport à Yvain ? Sa fuite est-elle interprétée comme une marque de lâcheté ? Pourquoi ?

Interprétations

• « La bataille en fut plus belle » (l. 30-31) : en quoi ce commentaire s'oppose-t-il à la cruauté décrite ? D'après vous, comment la violence est-elle perçue au Moyen Âge ?
• Trouvez deux raisons qui justifient une description si longue et si précise de la scène de combat (vis-à-vis du lecteur et vis-à-vis du héros).

De la lecture à l'écriture : en utilisant le champ lexical des armes présent dans l'extrait, racontez le combat d'un chevalier contre un être puissant (géant, dragon, ours, etc.).

La cour arthurienne : un mythe controversé

L'ouverture du roman par une scène de cour, un jour de fête, est traditionnelle chez Chrétien de Troyes. Sans prendre la peine de présenter les personnages (connus du lecteur médiéval) ni d'indiquer quand se passe le roman (la datation liturgique « la Pentecôte » est trompeuse, parce qu'elle ne précise pas l'année), Chrétien se réfère à la cour arthurienne comme à un univers mythique et légendaire. Pourtant, *Yvain* semble infléchir la vision idéale et courtoise que la tradition donne de cette cour : le roi part faire la sieste (en pleine fête !), ce qui s'accorde mal avec son rang. Keu est aussi montré sous un jour plus désagréable que de coutume, ce qui introduit une note « anti-courtoise » et discordante (Keu, la reine, Yvain et Calogrenant en viennent presque aux injures !). Enfin Calogrenant raconte une aventure désastreuse pour lui, ce qui, là encore, contraste avec l'excellence habituelle des chevaliers d'Arthur. Ces différents éléments font de la cour un lieu critique et critiqué, que le héros doit quitter au plus vite pour gagner ailleurs gloire et renommée.

Un parcours initiatique

Le trajet vers la fontaine a des allures de parcours initiatique, parce qu'il comprend des étapes obligées (identiques pour les deux chevaliers), nimbées de mystère, marquant l'entrée dans un monde secret, réservé à des élus (dont Calogrenant ne fait pas partie). La fontaine est située à Brocéliande, la forêt enchantée ; le chemin se révèle d'emblée « malaisé, plein de ronces et d'épines », signe de ce que son accès n'est pas ouvert à tous. Le vavasseur constitue une première étape : debout sur le pont, il semble attendre le chevalier, comme prévenu de son arrivée. La deuxième étape du parcours, celle du vilain, est tout aussi étrange : bien que celui-ci se définisse comme un homme, son aspect monstrueux et ses pouvoirs sur les bêtes en font une créature surnaturelle. Le combat final constitue la dernière étape, épreuve redoutable dont dépend l'admission du héros dans le royaume magique de la fontaine : le succès remporté par Yvain consacre son élection et son statut de héros.

YVAIN DANS LE PALAIS

Mais les portes du palais forment un piège : elles coulissent et tombent sur celui qui poursuit le chevalier. Yvain parvient toutefois à passer de justesse : seul son malheureux cheval est coupé en deux ! Voilà Yvain prisonnier du château ; il est secouru par une demoiselle : celle-ci a déjà vu Yvain, un jour qu'elle s'était rendue à la cour du roi Arthur. Cette fois-là, Yvain avait été le seul à daigner lui parler. Aujourd'hui, la demoiselle veut l'aider, en récompense de l'honneur qu'Yvain lui a autrefois prodigué. Elle lui donne un anneau d'invisibilité, qui lui permet d'échapper aux gens du château qui sont à sa recherche, afin de venger la mort de leur seigneur. Ils fouillent le château de fond en comble, sous le regard amusé d'Yvain qui les voit sans qu'eux ne le voient !

C'est alors que paraît la femme du seigneur, en pleurs devant le cadavre de son mari. La procession passe devant Yvain, toujours invisible. Mais les blessures du mort se remettent à saigner, signe que le meurtrier se trouve près du cadavre[1]*. Les recherches reprennent alors de plus belle, mais sans plus de succès. En voyant qu'on enterre le cadavre, Yvain se désole car il n'a pu conserver aucune preuve de sa victoire, et qu'il ne sera donc pas à l'abri des railleries de Keu. Mais quand Yvain voit la belle veuve, il est immédiatement saisi par sa beauté. Caché désormais dans une chambre, il la contemple et tombe amoureux d'elle. Il ne songe plus alors à s'enfuir, et veut rester à tout jamais dans sa prison, tant il lui plaît de regarder la dame. Hélas ! Comment pourrait-il se faire aimer d'elle, alors qu'il a tué son mari ? Il souhaite quand même qu'elle vienne lui parler.*

1. Il s'agit ici du phénomène de la « cruentation ». Au Moyen Âge, on croyait que les blessures d'un homme mort se mettaient à saigner quand le meurtrier s'approchait du corps.

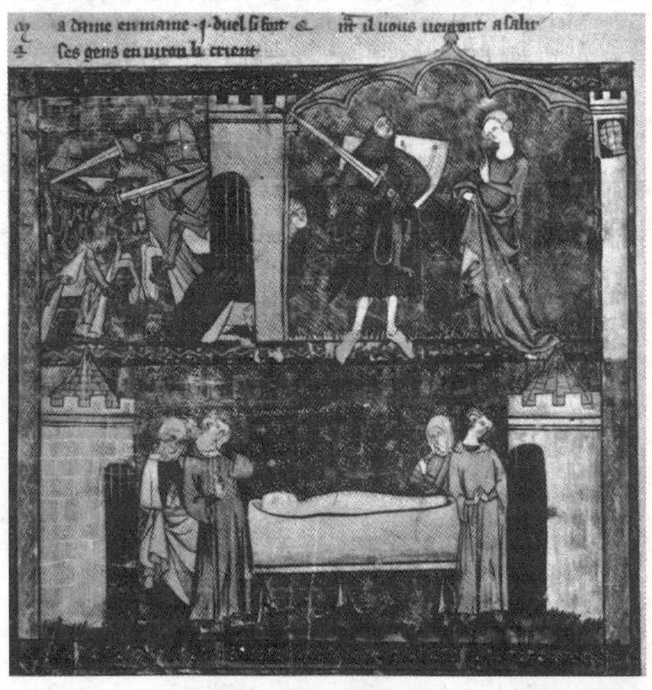

Combat d'Yvain et d'Esclados.
Yvain et la suivante de Laudine.
Déploration d'Esclados.
Miniature française du XIIIe siècle.
Paris, Bibliothèque nationale, ms. fr. 1433.

DÉBAT DANS LE CŒUR D'YVAIN

C'est Amour qui lui inspire ce désir, en prenant son cœur, alors qu'il est à la fenêtre ; mais ce désir fait le désespoir d'Yvain, car il ne peut croire ni imaginer qu'il puisse se réaliser ; et il dit : « Je suis fou de désirer ce que je n'obtiendrai jamais. Je lui ai blessé son mari à mort et je prétends faire la paix avec elle ! Par ma foi, cette pensée n'est pas raisonnable, car elle me hait actuellement plus qu'aucun être au monde, et c'est à bon droit. Je dis bien "actuellement", car souvent femme varie. Peut-être changera-t-elle bientôt de sentiment. Peut-être ? Mieux vaut dire sûrement ! Je suis bien fou de m'en désespérer. Dieu lui donne de changer bientôt ! Car il me faut rester en son pouvoir à tout jamais : ainsi en a décidé Amour. Celui qui n'accueille pas de bon gré Amour dès qu'il l'a pris au piège commet félonie[1] et trahison, et je déclare, l'entende qui veut, qu'il ne mérite aucune joie. Mais ce n'est pas ce qui me fera abandonner : j'aimerai toujours mon ennemie, car je ne dois pas la haïr, si je ne veux pas trahir Amour. Et elle, doit-elle me donner le nom d'ami[2] ? Oui, assurément, puisque je l'aime. Et si je l'appelle mon ennemie, c'est qu'elle me hait, et à bon droit, puisque je lui ai tué l'homme qu'elle aimait. Alors, je suis son ennemi ? Mais non, assurément, puisque je l'aime. J'ai grand chagrin pour ses beaux cheveux – jamais je n'aimais rien autant – qui reluisent plus que l'or fin ; j'enrage quand je la vois les tirer et les arracher[3], et jamais les larmes qui coulent de ses yeux ne sèchent. Bien qu'ils soient pleins de larmes qui ruissellent sans fin, ce sont les plus beaux yeux du monde. Je m'afflige de la voir pleurer, et rien ne me cause plus de désespoir que de la voir déchirer son visage, qui ne l'a pas mérité. Car je n'en vis jamais de si

1. **Félonie :** attitude déloyale d'un vassal envers son seigneur, et par extension, toute forme de traîtrise.
2. **Ami :** signifie « amant » au Moyen Âge.
3. **Les tirer et les arracher :** manifestations du chagrin chez la dame en deuil.

bien dessiné, de si frais ; et quel teint ! Mais ce qui me crève le cœur plus que tout, c'est qu'elle est ennemie de sa propre personne[1]. Et pourtant, quelque acharnement qu'elle mette à s'abîmer, nul cristal, nulle glace ne furent si clairs ni si polis ! Ciel ! pourquoi fait-elle la folie de se blesser comme elle le fait ? Pourquoi tord-elle ses belles mains, frappe-t-elle, déchire-t-elle sa poitrine ? Ne serait-elle pas divine à regarder si elle était joyeuse, quand, dans le désespoir, elle est si belle ? Oui, je puis le jurer : jamais Nature ne se fit tant prodigue de beauté, et elle y a même dépassé la mesure ; à moins qu'elle n'y soit pour rien[2]. Mais comment serait-ce possible ? D'où serait venue si grande beauté ? C'est Dieu qui la créa de ses propres mains, pour ébahir Nature. Elle pourrait consumer tout son temps à l'imiter ; et Dieu lui-même, s'il voulait s'en donner la peine, ne pourrait y parvenir, et ne pourrait recommencer pareil chef-d'œuvre, quelque peine qu'il y mît. » (Vers 1427-1510.)

1. **Elle est ennemie de sa propre personne** : elle se fait du mal.
2. **À moins qu'elle n'y soit pour rien** : à moins que sa beauté ne vienne pas de la nature, mais de Dieu.

Examen méthodique

Yvain amoureux

Repères

• Quelle est la situation d'Yvain dans ce château ?
• Le débat qui a lieu ici est-il en continuité ou en rupture avec ce qui précède ?

Observation

• À quelle difficulté insurmontable se heurte l'amour d'Yvain ?
• Les formes du débat : quelle est la forme du discours d'Yvain ? Est-elle appropriée au sujet débattu ?
– Pourquoi y a-t-il une majuscule à « Amour » ? En quoi peut-on dire qu'Amour est un véritable personnage ?
• Le trouble du héros : commentez l'usage des différents types de phrases : que traduit-il ?
– Montrez que le discours d'Yvain enchaîne des affirmations contradictoires. Quel est l'effet ainsi obtenu ?
– Yvain sait bien que vouloir faire la paix avec la dame n'est pas une pensée « raisonnable ». Pourtant, il expose divers arguments pour se convaincre que tout n'est pas perdu : lesquels ? Vous semblent-ils convaincants ?
• Le portrait de la dame : ce débat est aussi l'occasion d'un portrait indirect de la dame. Qu'apprend-on sur son physique ?
– Montrez que la douleur de la jeune femme joue un rôle essentiel dans les sentiments éprouvés par Yvain.

Interprétations

• Ce long débat nous présente un nouvel Yvain : lequel ? Quelles sont les différentes facettes du héros à ce stade de l'histoire ?

De la lecture à l'écriture : faites un court récit qui illustre le proverbe : « Souvent femme varie ».

Entrevue de la demoiselle et de la dame

Yvain, fou amoureux de la dame, n'a aucune envie de chercher à s'échapper. Il préférerait mourir plutôt que de partir. La demoiselle vient le voir, et elle comprend qu'il aime d'amour sa maîtresse. Elle veut l'aider.

La demoiselle[1] était en si bons termes avec sa dame qu'elle ne craignait pas de s'entretenir avec elle de quoi que ce fût, même des sujets importants : elle était sa gouvernante et sa garde. Pourquoi aurait-elle eu peur de réconforter sa maîtresse, et de l'instruire de son intérêt ? La première fois, elle lui dit en confidence :

« Dame, grand est mon étonnement de vous voir agir de façon déraisonnable. Dame, croyez-vous que votre chagrin ressuscitera votre époux ?

— Non, répondit-elle, mais je voudrais être morte de douleur.

— Et pourquoi ?

— Pour le rejoindre.

— Le rejoindre ? Dieu vous en garde ; qu'Il vous rende plutôt un aussi bon époux[2], comme Il en a le pouvoir.

— Jamais tu ne dis telle sottise : Il ne saurait me rendre un si bon mari.

— Il vous en rendra un meilleur, si vous l'acceptez, je le prouverai.

— Tais-toi donc ! jamais je n'en trouverai de pareil.

— Si, dame, à condition que vous le vouliez bien. Mais dites-moi, sans vous fâcher, qui défendra votre terre quand le roi Arthur y viendra ? Car il doit venir la semaine prochaine au perron et à la fontaine. N'en avez-vous pas eu la

1. **Demoiselle :** jeune fille noble non mariée, par opposition à une « dame », qui est une femme noble, mariée, souvent à la tête d'un fief.
2. **Un aussi bon époux :** le remariage est presque obligatoire, car la dame doit retrouver un seigneur qui défende son fief.

nouvelle par la Demoiselle sauvage[1], qui vous a prévenue par lettre ? C'était bien la peine de vous prévenir ! Vous devriez chercher le moyen de défendre votre fontaine, et vous ne cessez de pleurer ! Vous n'avez pas de temps à perdre, s'il vous plaît, chère dame : tous les chevaliers dont vous disposez ne valent pas, vous le savez, une chambrière[2] : celui-là même qui se met le plus en avant ne prendra ni l'écu ni la lance. Vous êtes entourée d'incapables, et il n'est pas un chevalier assez fou pour oser monter à cheval. Et le roi vient avec une telle compagnie qu'il s'emparera de tout sans rencontrer de résistance. »

La dame sait et se rend fort bien compte que sa suivante la conseille de bonne foi, mais elle a ce travers commun à toutes les femmes, ou peu s'en faut, qui est de justifier leur sottise et de repousser ce qu'elles désirent.

« Va-t'en, dit-elle, laisse-moi tranquille. Si je t'entends encore parler de cela, il t'en cuira, et tu feras bien de prendre la fuite : tes discours m'agacent.

— À la bonne heure, dame, on voit bien que vous êtes de ces femmes qui se mettent en colère quand elles entendent quelqu'un qui leur donne de bons conseils. »

Et la demoiselle partit, la laissant seule. La dame se rendit compte qu'elle avait eu grand tort ; elle aurait bien voulu savoir comment sa suivante pourrait lui prouver qu'il était possible de trouver un chevalier meilleur que ne fut jamais son époux. C'est avec plaisir qu'elle l'apprendrait, mais elle lui a défendu d'aborder ce sujet. Plongée dans ces méditations, elle attendit le retour de sa suivante ; mais celle-ci ne tint pas compte de sa défense, et, tout soudain, reprit la conversation interrompue :

« Ha ! dame, est-il convenable que vous vous consumiez

1. **La Demoiselle sauvage :** personnage inconnu qui ne reparaît pas dans l'histoire.
2. **Chambrière :** femme de chambre, servante (le terme est péjoratif car il désigne une femme de basse condition sociale).

de chagrin ? Au nom de Dieu, raisonnez-vous, et laissez la tristesse, ne serait-ce que par décence : à si noble dame ne sied pas si long deuil. Qu'il vous souvienne de votre terre, et de votre haut rang. Croyez-vous que toute prouesse soit morte avec votre mari ? Il y en a par le monde d'aussi bons ou de meilleurs.

— Si tu ne mens pas, Dieu me confonde ! Nomme-m'en un seul qui ait fait preuve d'autant de vaillance que mon seigneur en eut toute sa vie.

— Vous ne m'en seriez pas reconnaissante, vous vous mettriez encore en colère, et me menaceriez encore.

— Non, je t'assure.

— Que ce soit donc pour votre bonheur à venir, si vous décidiez d'être encore heureuse. Dieu vous en donne la volonté ! Je ne vois rien qui me force à me taire ; nul ne nous entend ni ne nous écoute. Sans doute me trouverez-vous bien audacieuse, mais enfin, je puis le dire, ce me semble : quand deux chevaliers se sont mesurés en combat singulier, lequel, à votre avis, vaut mieux que l'autre, du vainqueur ou du vaincu ? Quant à moi, je donne la palme au vainqueur. Et vous ?

— J'ai l'impression que tu me tends un piège, et que tu cherches à me prendre au mot.

— Allons, vous savez bien que je suis dans le vrai : je vous prouve de façon irréfutable que le vainqueur de votre mari valait mieux que lui : il l'a battu et pourchassé jusqu'ici par sa vaillance, et il l'a enfermé dans sa propre demeure !

— Voilà bien des propos insensés, les plus énormes que l'on ait jamais tenus. Va-t'en, malavisée, et ne parais plus, désormais, devant moi, quoi que tu aies à me dire, si c'est pour me parler de lui !

— Je le savais bien, dame, que mes propos ne vous feraient pas plaisir : je vous avais prévenue dès longtemps. Mais vous m'aviez donné l'assurance que vous ne vous mettriez pas en colère, et que vous ne m'en voudriez pas. Vous n'avez

EXAMEN MÉTHODIQUE

Lunette et sa dame (l. 1-93)

REPÈRES

• Pourquoi Lunette veut-elle convaincre sa dame d'épouser Yvain ? Agit-elle seulement par amitié pour Yvain ?
• Quelle est la fonction de la demoiselle par rapport à sa dame ? S'agit-il d'une simple suivante ?

OBSERVATION

• Lignes 7-45 : Relevez les différents arguments que Lunette oppose à Laudine.
• Quelles réponses la dame fait-elle aux arguments de Laudine ? Vous semblent-elles fondées ?
• Comparez la longueur des répliques de Laudine et celles de Lunette. Que peut signifier cette différence ?
• Relevez le jugement du narrateur sur les femmes. S'agit-il d'une simple marque de misogynie ?
• Pourquoi la demoiselle part-elle, pour revenir peu après ? Montrez que ce manège participe de sa stratégie pour convaincre sa dame.
• Lignes 46-54 : au dialogue succède un passage narratif. Le point de vue de quel personnage le narrateur adopte-t-il ? Quel renseignement donne-t-il au lecteur ?
• Lignes 55-82 : la dame refuse-t-elle toujours aussi fermement d'entendre parler d'un nouveau seigneur ? Citez une phrase montrant qu'elle est en train de changer d'attitude.
• Quel est le « piège » que Lunette tend à sa dame ? En quoi est-il habile ?

INTERPRÉTATIONS

• On a souvent comparé le personnage de Lunette avec celui d'une servante de comédie, comme on en trouve chez Molière. Cette comparaison vous paraît-elle exacte ?
• Que nous apprend ce passage sur le statut de la dame (c'est-à-dire de la femme noble à la tête d'un fief) au Moyen Âge ?

pas tenu parole, et voilà que vous m'avez dit ce que vous aviez sur le cœur ; pour moi, j'ai perdu une bonne occasion de me taire. »

Puis elle retourne dans sa chambre, où messire Yvain a élu domicile, elle l'entoure de petits soins, mais rien ne lui est agréable, puisqu'il ne peut voir la dame. Et des arguments que la suivante fait valoir pour le défendre, il ne soupçonne rien, il ne sait rien. La dame fut en grand souci toute la nuit, préoccupée qu'elle était de faire protéger sa fontaine. Elle commence à se repentir d'avoir blâmé la demoiselle, de l'avoir rabrouée et malmenée ; ce n'est sûrement pas l'espoir d'une récompense ou d'une faveur, ni l'intérêt qu'elle porte au chevalier qui l'a poussée à plaider sa cause ; car elle est plus attachée à sa maîtresse qu'à lui, et elle ne lui conseillerait pas de parti propre à la mettre en peine et à la déshonorer : elle lui est trop loyalement dévouée pour cela. Et voilà que la dame change d'opinion : de celle qu'elle a rabrouée, elle ne pense pas se faire sincèrement aimer désormais, quoi qu'il arrive ; quant à celui qu'elle a repoussé, elle lui trouve des excuses sans arrière-pensée, en faisant valoir comme explication et comme argument qu'il ne lui a jamais fait de tort ; elle examine le cas, comme s'il avait comparu devant elle, et commence son plaidoyer[1] :

« Prétends-tu donc nier que mon seigneur soit mort de ta main ? – Je ne puis que le reconnaître, et je l'avoue. – Pourquoi l'as-tu fait ? Pour me faire du mal, par haine, par mépris ? – Que je meure à l'instant si je le fis pour vous causer du mal. – Tu n'as donc aucun tort envers moi, ni envers lui ; car, s'il avait pu, il t'aurait tué ; eh bien, je pense, j'ai bien jugé, et selon la justice. » Ainsi, la dame prouve par elle-même, car elle trouve l'explication et l'argument raisonnables, qu'elle n'a pas le droit de le haïr, et elle s'applique à

1. **Plaidoyer :** discours prononcé en principe devant un tribunal pour défendre une cause.

s'enflammer[1], comme le feu qui fume lorsque la flamme a pris, sans que personne ne la souffle ni ne l'attise. Et si la demoiselle arrivait maintenant, elle gagnerait le procès qu'elle a tant plaidé, et qui lui a valu bien des injures. Elle revint au matin, et reprit son discours là où elle l'avait laissé ; et la dame tint la tête baissée, qui se sentait coupable de l'avoir maltraitée ; maintenant, elle accepte de lui demander le nom, la condition et le lignage[2] du chevalier ; elle se montre humble et dit, bien sagement :

« Je vous veux demander pardon des paroles offensantes et dures que je vous ai dites en folle que j'étais ; je suivrai désormais vos conseils. Mais parlez-moi du chevalier dont vous m'avez plaidé la cause si longuement : quel homme est-il, et de quelle famille ? S'il est de mon rang, et qu'il n'y ait pas d'obstacle de son côté, je le ferai, je vous l'accorde, seigneur de ma terre et de ma personne. Mais il faudra agir de telle sorte qu'on ne puisse pas raconter et dire : "C'est celle qui a épousé le meurtrier de son mari."

— Par Dieu, dame, il en sera fait ainsi. Vous aurez l'époux le plus noble et le plus beau qui fût du lignage d'Abel[3].

— Comment s'appelle-t-il ?

— Messire Yvain.

— Ma foi, ce n'est pas le premier venu ; c'est un homme bien né, je le sais bien : c'est le fils du roi Urien[4].

— Ma foi, dame, c'est cela.

— Et quand pourrons-nous le voir ?

— Dans cinq jours.

— Le délai est trop long, et, si j'en pouvais décider, il serait déjà là. Qu'il vienne cette nuit, ou demain, au plus tard.

1. **S'enflammer :** se prendre d'amour pour quelqu'un.
2. **Lignage :** ensemble des personnes qui appartiennent à une même lignée, à une même famille.
3. **Abel :** personnage biblique, second fils d'Adam et Ève.
4. **Urien :** roi du Moray, région d'Écosse.

— Dame, je ne crois pas qu'un oiseau puisse tant parcourir en un jour. Mais j'y enverrai un de mes serviteurs, un courrier[1] rapide et qui, je pense, sera demain soir à la cour du roi Arthur ; il ne pourra trouver le chevalier avant.

— Ce délai est trop long, les jours sont longs. Dites-lui qu'il soit revenu demain soir et qu'il se hâte plus que de coutume, car, avec un petit effort, il fera deux journées d'une ; cette nuit, la lune sera pleine, qu'il fasse de la nuit le jour, et je le récompenserai au retour selon ses désirs.

— Remettez-vous-en à moi : vous aurez le chevalier chez vous dans trois jours tout au plus. Demain, vous ferez venir vos gens et vous prendrez conseil au sujet du roi, qui doit venir. Pour défendre votre fontaine, conformément à la tradition, il vous faut leur demander leur avis ; et il n'y aura pas un homme, si noble soit-il, qui osera se vanter d'y aller. C'est alors que vous pourrez dire, et à bon droit, qu'il conviendrait de vous remarier. Un chevalier de grand renom demande votre main, mais vous n'osez accepter sans leur approbation et leur accord. Ils sont si peureux (je les connais) que, pour se décharger sur autrui de la tâche qui leur reviendrait, ils se mettront à genoux et vous remercieront, enfin débarrassés de leur frayeur. Car, qui a peur de son ombre évite autant qu'il le peut les combats où l'on manie la lance ou le dard : ce sont là jeux dangereux pour le lâche. »

Et la dame répond :

« Par ma foi, tel est mon désir, et j'accepte ce plan : je l'avais imaginé tel que vous l'avez exposé ; ainsi ferons-nous. Mais que tardez-vous ? Allez ! Ne perdez plus de temps ! Tâchez de l'amener, et je convoquerai mes gens. »

Ainsi finit l'entretien. (Vers 1593-1880.)

1. **Courrier** : homme à cheval qui achemine la correspondance et transmet les messages.

Lunette et sa dame (l. 94-181)

REPÈRES

• Quels sont les trois moments qui constituent le passage ? Donnez-leur un titre.
• Quelle évolution décisive a lieu entre le début et la fin du passage ?

OBSERVATION

• D'après vous, pourquoi la demoiselle cache-t-elle à Yvain ses tentatives de convaincre sa dame ?
• Quelles sont les deux raisons qui font changer la dame d'avis (l. 96-113) ?
• Relevez le champ lexical de la justice (l. 96 à la fin). D'après vous, pourquoi la dame utilise-t-elle ce vocabulaire ?
• Quel procédé original la dame imagine-t-elle pour achever de se convaincre (l. 114-120) ?
• Quels renseignements la dame prend-elle sur Yvain ? Pourquoi ? La prouesse d'Yvain suffit-elle finalement à convaincre la dame ?
• L'empressement de la dame à voir Yvain est-il vraisemblable ? Qu'est-ce qui peut néanmoins le justifier ?
• Pourquoi Lunette ment-elle à sa dame en lui disant qu'Yvain n'est pas au château ?

INTERPRÉTATIONS

• L'humour de Chrétien de Troyes : en tenant compte du temps que met la dame à changer d'avis et des renseignements qu'elle prend sur Yvain, montrez que le proverbe « Souvent femme varie » se vérifie ici. D'après vous, quel jugement le narrateur porte-t-il sur les femmes ?

DE LA LECTURE À L'ÉCRITURE : écrivez le discours que pourrait tenir Laudine à ses gens, quand elle leur annonce qu'elle va se remarier. Imaginez aussi les réponses de ses barons.

Mariage d'Yvain et Laudine

Présentation d'Yvain à la dame

La demoiselle fait semblant d'envoyer chercher Yvain. Pendant ce temps, elle le prépare à la rencontre en le baignant et en le revêtant de superbes habits. Le jour dit, elle le conduit devant sa dame.

La demoiselle prend messire Yvain par la main, et l'emmène là où on l'aimera bien ; il craint d'être mal accueilli, et ce n'est pas étonnant. Ils trouvèrent la dame étendue sur un grand couvre-lit vermeil. Messire Yvain eut grande appréhension, je vous assure, à l'entrée de la chambre, où ils trouvent la dame, qui ne lui dit mot ; cela augmente sa frayeur, et il est tout saisi de peur, car il se croit trahi. Il se tient à l'écart, mais la pucelle prend la parole et dit : « Maudite soit celle qui mène dans la chambre d'une belle dame un chevalier qui n'ose approcher, et qui n'a ni langue, ni bouche ni esprit pour se présenter ! » Elle le tire aussitôt par le bras et lui dit : « Chevalier, venez ici ; n'ayez pas peur que ma dame ne vous morde ! demandez-lui paix et alliance, et je la prierai avec vous de vous pardonner la mort d'Esclados le Roux[1], son défunt mari. » Messire Yvain joint aussitôt les mains, se met à genoux et dit, en loyal ami :

« Dame, je ne crierai pas merci, mais je vous remercierai de ce que vous voudrez faire de moi, car rien qui vienne de vous ne saurait me déplaire.

— Rien, sire ? Et si je vous fais tuer ?

1. **Esclados le Roux :** c'est la première fois que le mari est nommé. Ce nom en fait une figure négative, car la couleur rousse est souvent le signe de la traîtrise ou d'une origine surnaturelle.

— Dame, grand merci à vous : je maintiendrai ce que j'ai dit.

— Voilà qui est singulier ! Vous vous abandonnez entièrement et de bon gré à mon pouvoir, sans que je vous y contraigne !

— Dame, sans mentir, il n'est force comparable à celle qui m'oblige à me soumettre entièrement à votre volonté. Je ne redoute rien de ce qu'il vous plaira de me commander, et si je pouvais réparer le meurtre dont j'ai pu me rendre coupable envers vous, je le réparerais de plein gré.

— Comment, "j'ai pu" ? fait-elle, dites-moi donc : quand vous avez tué mon seigneur, n'était-ce pas vous rendre coupable envers moi ?

— Dame, pardon ; quand votre seigneur m'attaqua, eus-je tort de me défendre ? Un homme veut tuer ou capturer son adversaire ; si l'autre se défend et le tue, est-il coupable de quoi que ce soit ? Dites-le moi.

— Nullement, du point de vue du droit ; et je crois bien que j'aurais eu bien tort de vous faire mourir. Mais j'aimerais bien savoir d'où vient la force qui vous contraint de vous soumettre à ma volonté sans réserve. Je vous pardonne tous vos torts et tous vos crimes, mais prenez place et contez-moi comment vous voilà soumis.

— Dame, cette force vient de mon cœur, qui est à vous. C'est mon cœur qui m'a mis dans cette disposition.

— Et votre cœur, qui l'y a incité, beau doux ami ?

— Mes yeux, dame.

— Et vos yeux, qui ?

— La grande beauté que je vis en vous.

— Et cette beauté, qu'a-t-elle fait ?

— Elle a tant fait que je dois aimer.

— Aimer, et qui donc ?

— Vous, dame chère.

— Moi ?

— Oui.

— Et de quelle manière ?

Combat de Keu et d'Yvain. – Keu défait.
Miniature française du XIIIe siècle.
Paris, Bibliothèque nationale, ms. fr. 1433.

— De telle manière qu'il ne peut y avoir de plus grand amour, que mon cœur ne peut se séparer de vous, qu'il ne peut vous quitter, que vous êtes le seul objet de mes pensées, que je suis tout à vous, que je vous aime plus que moi-même, que je consens, selon ce que vous voudrez, à mourir ou à vivre pour vous.

— Et oseriez-vous entreprendre de défendre ma fontaine pour l'amour de moi ?

— Oui, dame, contre n'importe qui.

— Sachez donc que la paix est faite entre nous. »

La paix est donc promptement conclue. La dame avait auparavant tenu son conseil avec ses barons[1] ; elle dit :

« Allons dans la salle où se tiennent ceux qui m'ont conseillée et qui ont approuvé mon projet ; ils acceptent que je me marie pour la nécessité qu'ils y voient. Ici même, je vous accorde ma main, et je ne chercherai pas d'autre prétendant : je ne dois pas refuser pour époux un bon chevalier, un fils de roi. »

La demoiselle a donc réussi dans son entreprise, et son succès ne chagrine nullement messire Yvain, je puis vous l'affirmer ; la dame le conduit dans la salle, qui était pleine de chevaliers et de serviteurs. Et messire Yvain a si fière allure que chacun l'admire, et que tous, devant eux, se lèvent, et saluent bien bas messire Yvain. Ils disent : « Voilà celui que ma dame prendra. Malheur à qui s'y opposera, car il semble étonnamment valeureux. Certes, l'impératrice de Rome trouverait en lui un époux digne d'elle. Puisse-t-il lui avoir déjà promis sa foi, et elle lui avoir accordé sa main, afin de l'épouser aujourd'hui ou demain. » Tels sont les propos que l'on entendait les uns après les autres. Au bout de la salle, il y avait un banc ; la dame alla s'y asseoir, bien en vue ; messire Yvain parut vouloir s'asseoir à ses pieds[2] ; mais elle le fit

1. **Barons :** grands seigneurs du royaume, nobles de rang élevé.
2. **Yvain parut vouloir s'asseoir à ses pieds :** attitude du vassal qui se soumet à sa suzeraine et de l'amant qui se soumet à la dame aimée.

lever, et elle donna la parole à son sénéchal[1], qui parla, entendu de tous : « Seigneurs, dit-il, la guerre nous menace ; chaque jour, le roi fait les préparatifs qui annoncent son intention de venir dévaster nos terres. Avant la fin de la quinzaine, elles seront toutes dévastées, si un bon défenseur ne se présente. Quand ma dame se maria, il y a quelque six ans, ce fut sur votre conseil. Mais son époux est mort, et c'est pour elle un grand chagrin. Il n'a plus qu'une toise[2] de terre, celui qui possédait tout le pays, et qui s'en occupait si bien ; quel malheur qu'il ait vécu si peu ! Une femme ne saurait porter les armes ; ce serait un grand avantage pour ma dame que de prendre un bon seigneur. Jamais elle n'en eut plus grand besoin ; engagez-la tous à prendre un époux plutôt que de laisser perdre la coutume en vigueur[3] dans ce château depuis plus de soixante ans. » Il dit, et tous ensemble déclarent qu'ils sont de son avis. Tous viennent aux pieds de la dame ; ils la pressent de mettre son projet à exécution ; elle se fait prier d'accepter ce dont elle a grande envie, mais, comme malgré elle, elle finit par accorder ce qu'elle eût fait contre leur avis : « Seigneurs, puisque tel est votre plaisir, je vous dirai que le chevalier qui siège près de moi m'a beaucoup priée et requise ; il veut se mettre en ma dépendance et à mon service, et je l'en remercie ; vous aussi vous l'en remerciez. Certes, je ne le connaissais pas, mais j'avais beaucoup entendu parler de lui : il est de noble origine, sachez-le bien : c'est le fils du roi Urien. Outre sa noble naissance, il a tant de vaillance, de courtoisie et de sagesse que l'on ne doit pas me dissuader de l'épouser. Vous avez entendu parler, je crois, de messire Yvain ; c'est lui qui me demande ma main. J'aurai, le jour du mariage, un époux plus noble que je n'en pouvais espérer. » Et chacun de déclarer : « Si vous êtes sage, vous

1. **Sénéchal :** officier chargé de la surintendance. Il s'occupe de l'administration du château.
2. **Toise :** mesure de longueur valant six pieds (soit environ 195 mètres).
3. **La coutume en vigueur :** c'est la nécessité d'affronter celui qui a versé de l'eau sur la fontaine.

n'attendrez pas demain pour vous marier, car c'est pure folie que de différer d'une heure le profit qu'on peut avoir. » Ils la prient tant qu'elle leur accorde ce qu'elle aurait fait de toute façon, car Amour la presse de prendre la décision que lui commandent leur choix et leur conseil ; mais elle tient pour plus honorable d'agir avec l'accord de ses gens. Les prières, loin d'être pour elle un obstacle, l'excitent et l'encouragent à suivre son penchant : le cheval qui ne s'attarde pas redouble de vitesse sous l'éperon ; en présence de tous ses barons, la dame accorde sa main à messire Yvain. Et lui reçoit le lendemain, d'un de ses chapelains[1], Laudine de Landuc[2], la fille du duc Laududez, le héros d'un lai[3]. C'est ainsi que, le jour même, sans plus attendre, il l'épousa, et que les noces eurent lieu. Il y eut beaucoup de mitres et de crosses[4], car la dame avait fait venir les évêques et les abbés. Il y eut une foule de gens de haute noblesse, et l'allégresse et la joie y furent grandes, plus que je ne pourrais le dire, même en prenant mon temps ; mieux vaut donc m'arrêter que de poursuivre.

Voilà messire Yvain seigneur de la terre, et le mort est bien oublié ; le meurtrier du défunt est l'époux de la veuve : il a pris sa femme et ils partagent la même couche, et les gens aiment et estiment plus le nouvel époux que le défunt. À ses noces, ils furent à ses petits soins, et elles durèrent jusqu'à la veille du jour où le roi vint voir le prodige de la fontaine et du perron, avec sa compagnie, car toute sa maison fut du voyage ; il ne laissa personne à Cardoeil. (Vers 1945-2179.)

1. **Chapelain :** prêtre d'une chapelle privée.

2. **Laudine de Landuc :** dans le manuscrit choisi pour cette édition, le nom de Laudine n'apparaît pas, suite à une erreur du copiste. Nous l'avons rétabli ici pour plus de clarté.

3. **Lai :** récit en vers s'inspirant de légendes bretonnes. Il n'existe bien sûr aucune trace du lai cité dans le texte, qui a probablement été inventé par Chrétien. Il signale l'origine féerique de Laudine.

4. **Mitres et crosses :** la mitre est la coiffure de cérémonie que portent le pape et les évêques ; la crosse est le bâton recourbé des évêques.

LE ROI ARTHUR À LANDUC

Arrivé à la fontaine, le roi déclenche la tempête et le chevalier (c'est-à-dire Yvain désormais) arrive au galop. Keu demande à le combattre et Yvain l'abat sans peine, afin de lui donner une bonne leçon. Il se fait ensuite reconnaître, et raconte à tous son aventure. Il les invite au château et leur présente sa nouvelle épouse, Laudine. C'est alors une fête magnifique qui est organisée en l'honneur du roi. Là se rencontrent Gauvain, « le soleil des chevaliers », et la demoiselle qui a tant aidé Yvain, dont on apprend enfin le nom : Lunette, ainsi appelée parce que semblable à la lune. Ils deviennent amis, et Gauvain promet de toujours la servir. Mais le séjour d'Arthur s'achève et Gauvain insiste pour qu'Yvain reparte avec eux. Un chevalier doit continuer à se battre, de tournois en tournois, pour devenir plus glorieux encore. Si Yvain reste auprès de Laudine, sa réputation va se ternir. Laudine accepte alors de le laisser partir, mais à une condition : il sera de retour dans un an, sinon elle ne l'aimera jamais plus. Elle lui remet un anneau magique qui protège les amants fidèles. Après des adieux déchirants, les deux époux se séparent.

Examen méthodique

Le mariage d'Yvain

Repères

• L'histoire d'Yvain pourrait s'arrêter après son mariage. Quels événements relancent l'aventure ?

Observation

• La présentation d'Yvain (l. 1-15) : quels sont les éléments qui montrent que, là encore, c'est la demoiselle qui organise tout ?
• Le dialogue d'Yvain et de la dame (l. 17-66) :
– Quelle position Yvain adopte-t-il avant de parler ? Pourquoi ?
– Quelles questions et réponses reprennent celles déjà énoncées par la dame dans son « plaidoyer » intérieur ?
– Qui a l'initiative des questions dans la suite du dialogue ? Que cela signifie-t-il ?
– Pourquoi Yvain, dans ses réponses, retarde-t-il l'aveu de son amour ?
– Que nous indique la dernière question posée par la dame ? Ne se soucie-t-elle que d'amour ?
• La présentation d'Yvain aux barons (l. 75 à la fin) :
– Pourquoi la dame se fait-elle prier par ses barons ? S'agit-il d'hypocrisie ou d'habileté de sa part ?
– Relevez, dans le dernier paragraphe, la phrase qui résume le mieux la situation nouvelle.

Interprétations

• Que nous apprend ce passage sur la structure féodale (rapports dame/seigneur, dame/sénéchal/barons) ? Pour autant, entre les mains de qui repose le pouvoir ?
• La prouesse d'Yvain se voit bien récompensée. En vous aidant de l'étude d'ensemble p. 156 à 159, cherchez dans l'extrait ce qui relève de l'*amour courtois*.

De la lecture à l'écriture : le narrateur renonce à décrire la fête en disant : *mieux vaut donc m'arrêter que de poursuivre.* À vous de continuer la description interrompue.

Des allures de théâtre

Depuis l'arrivée d'Yvain au château jusqu'à son mariage, le texte est presque toujours au discours direct, ce qui confère au récit certains traits du genre théâtral (cette comparaison ne vaut que du point de vue du lecteur moderne, puisque la comédie n'existe pas encore au XIIe siècle). Ainsi, les discours de Laudine, Lunette et Yvain n'occupent pas moins de neuf pages ! La variété de ces discours est grande : on trouve des dialogues, qui sont découpés par les entrées ou sorties des personnages, comme au théâtre (p. 61, l. 46, sortie de Lunette / entrée l. 54 ; sortie à nouveau p. 64, l. 94 / entrée p. 65, l. 126, etc.). Il y a aussi un long monologue (p. 56). Enfin, Laudine se prête à la forme inédite du « dialogue intérieur », dans lequel elle tient les deux parties, la sienne et celle d'Yvain.
Outre les discours, cet épisode rappelle le théâtre par le resserrement du lieu et du temps de l'action : tout se déroule au château, et Laudine passe de la haine à l'amour en trois jours !

Un sujet de comédie

Sur une situation plutôt grave – mort d'Esclados, fief laissé sans défense, Yvain emprisonné – Chrétien brode un sujet de comédie : une belle veuve éplorée va, en trois jours, épouser le meurtrier de son époux. L'auteur réalise une gageure ici non tant parce que la dame accepte le mariage (ce qui répond à un impératif féodal assez classique) mais parce qu'elle tombe amoureuse du meurtrier. Ce n'est donc pas par hasard que l'on a comparé ce passage à un petit fabliau.

Une tonalité humoristique

Si le ton n'est pas celui du franc comique, on note toutefois beaucoup d'humour dans l'extrait. Ainsi, les passages où le récit adopte le point de vue de la dame démentent les propos qu'elle tient au discours direct : « Si je t'entends encore parler de cela, il t'en cuira. [...] elle aurait bien voulu savoir... » (p. 61), de même, p. 64. L'humour se lit aussi dans le souci du « qu'en-dira-t-on » que le narrateur prête à Laudine (p. 65, l. 139-140), et dans son empressement final, peu vraisemblable « Ce délai est trop long, les jours sont longs. » (p. 66), sauf à sous-entendre que la dame est un peu hystérique !

Les funérailles d'Esclados le Roux
Miniature française du XIIIe *siècle.*
Paris, Bibliothèque nationale, ms. fr. 1433.

DÉSESPOIR ET FOLIE D'YVAIN

Yvain suit la cour et participe à de nombreux tournois en compagnie de Gauvain. Il fait tant de prouesses qu'il oublie le délai fixé par sa dame. Quand il s'en rend compte, il a beaucoup de peine et ne sait que faire. Survient alors une demoiselle, envoyée par Laudine. Elle déclare, au nom de sa dame, qu'Yvain est un amant infidèle, qui a oublié sa promesse. Puisqu'il a trahi sa dame, celle-ci ne l'aime plus, et elle exige qu'il lui rende son anneau. La demoiselle partie, Yvain sombre dans le désespoir et quitte l'assemblée des barons.

Et il chevauche tant qu'il est bientôt loin des tentes et des pavillons[1]. Alors, une tempête se lève sous son crâne, si grande qu'il perd la raison ; il se déchire et met ses vêtements en lambeaux ; il fuit par les champs et les labours, et laisse ses gens sans nouvelles. Ils sont en peine de savoir où il peut être et le vont cherchant à droite, à gauche, dans les résidences des chevaliers, par monts et par vaux ; ils le cherchent où il n'est pas. Et lui s'en va à grande allure, tant qu'il trouva près d'un parc un serviteur qui tenait un arc et cinq flèches barbelées, très acérées et très grosses. Yvain s'approche du serviteur, et lui prend l'arc et les flèches qu'il a en main ; il ne se souvient plus de rien. Il guette les bêtes par le bois, et il les tue ; il mange la venaison[2] toute crue. Il erra tant dans la forêt, comme un sauvage devenu fou, qu'il trouva un ermitage[3], une petite maison basse. L'ermite était occupé à essar-

1. **Pavillons :** au Moyen Âge, logement portatif des gens de haut rang pendant la guerre.
2. **Venaison :** chair de grand gibier (daim, cerf, chevreuil).
3. **Ermitage :** lieu où réside un ermite, être solitaire qui se consacre à la prière et qui mène une vie austère.

ter[1] ; quand il vit cet homme nu, il se rendit compte sans difficulté qu'il avait complètement perdu la raison, et c'était vrai : il avait vu juste. Il courut se tapir dans sa maisonnette ; et le brave homme, par charité, prit de son pain et de ses légumes et mit cette nourriture dehors, sur une étroite fenêtre ; et le fou, qui en a grand besoin, prend le pain et y mord. Jamais, je crois, il n'en avait mangé de si grossier et de si dur ; la mouture[2] dont on l'avait fait valait à peine vingt sous le setier[3], mais on se soucie peu de la qualité de la nourriture quand on est pressé par une faim de loup inassouvie. Messire Yvain mangea tout le pain de l'ermite, qui lui parut bon, et il but de l'eau froide au pot. Quand il eut mangé, il s'enfonça de nouveau dans le bois, en quête de cerfs et de biches ; quand il le vit partir, le brave homme, sous son toit, pria Dieu de le protéger, et de l'empêcher de revenir par chez lui. Mais il n'est homme, tant soit peu doué de raison, qui ne retourne volontiers là où on lui a fait du bien. Dès lors, il ne passa jamais huit jours, tant qu'il fut dans sa folie, sans apporter à la porte de l'ermite quelque bête sauvage. Telle fut la vie qu'il mena désormais, et le brave homme s'occupait de le coucher et de faire cuire quantité de venaison ; et toujours, le pain, l'eau, le pichet étaient sur la fenêtre, pour nourrir le fou. Il avait à manger et à boire, venaison sans sel ni poivre, et l'eau fraîche de la fontaine. Le brave homme se chargeait de vendre les cuirs[4] et d'acheter du pain d'orge et de seigle sans levain ; et le fou eut désormais toute sa ration : pain en quantité et venaison. Cela durait depuis longtemps lorsqu'un jour il fut découvert endormi dans la forêt par une dame et deux demoiselles de sa maison. Dès qu'elles le voient, l'une d'elles met pied à terre et court vers

1. **Essarter :** défricher une terre.
2. **Mouture :** grain moulu.
3. **Setier :** ancienne mesure pour les grains variant suivant le pays et la matière mesurée.
4. **Cuirs :** peaux des bêtes.

l'homme nu ; elle le regarda longtemps avant de découvrir sur lui un signe qui le lui fît reconnaître. Elle l'avait si souvent rencontré qu'elle l'eût aussitôt reconnu, s'il avait été vêtu aussi richement qu'à son habitude. Elle mit du temps à le reconnaître, mais elle l'examina avec tant de soin qu'elle finit par apercevoir une cicatrice qu'il avait au visage ; or, messire Yvain en portait une semblable au visage, elle en était sûre, car elle le connaissait bien. Elle l'a donc identifié à ce signe ; c'est lui, à n'en pas douter. Mais grand est son étonnement de l'avoir rencontré dans le dénuement et la nudité : comment a-t-il pu en arriver là ? Elle se signe[1] plusieurs fois, au comble de la stupéfaction. Sans le toucher ni l'éveiller, elle prend son cheval par la bride, remonte, rejoint sa compagnie et conte son aventure en pleurant. Je ne m'attarderai pas à décrire le chagrin qu'elle manifesta ; elle dit en pleurant à sa maîtresse : « Dame, j'ai découvert Yvain, le chevalier qui surpasse tous les autres par sa valeur et ses belles qualités ; mais j'ignore par quel malheur ce noble gentilhomme est tombé si bas ; sans doute quelque chagrin l'a conduit à mener cette existence ; le chagrin rend fou, parfois, et l'on peut se rendre compte, à le voir, qu'il n'a pas toute sa raison : jamais il n'en serait venu à une telle déchéance s'il avait encore sa tête à lui. Plût à Dieu qu'il recouvrât son bon sens, et devînt plus sensé encore qu'autrefois ! Et qu'il acceptât de vous apporter son aide ! Le comte Alier, qui vous fait la guerre, vous attaque et vous met en grand péril. La guerre qui vous oppose prendrait fin à votre avantage si Dieu donnait à Yvain la chance de retrouver sa raison et qu'il se mêlât de vous secourir dans la nécessité qui vous presse. » (Vers 2804-2941.)

1. **Se signe :** fait le signe de croix.

La folie d'Yvain

REPÈRES

• Depuis le mariage d'Yvain, quels événements ont eu lieu ?
• Quelle faute a commise Yvain envers sa dame ? Pourquoi est-elle si grave ?

OBSERVATION

• Quels sont les signes de la folie d'Yvain ?
• En quoi pourrait-on comparer son comportement à celui d'une bête ?
• Yvain a adopté de nouvelles armes : lesquelles ? De quoi cela est-il le signe ?
• En quoi sa rencontre avec l'ermite est-elle essentielle (sur le plan matériel et sur le plan spirituel) ?
• Quel type de relation se met en place entre l'ermite et Yvain ? Montrez que cette relation constitue un premier pas vers le retour d'Yvain à la civilisation.
• Pourquoi la demoiselle qui découvre Yvain « se signe plusieurs fois » ?
• La demoiselle veut-elle guérir Yvain par pure charité ?

INTERPRÉTATIONS

• Comparez le rôle de la demoiselle qui trouve Yvain au rôle de Lunette dans l'épisode précédent : prenez en compte la façon de préserver le chevalier, l'intérêt qu'elle y trouve. Une différence essentielle apparaît : laquelle ? Que peut-on en déduire sur l'évolution d'Yvain ?
• Le motif de la « folie d'amour » sera très exploité dans les romans courtois ultérieurs. S'agit-il ici d'une simple péripétie ? Ne peut-on pas y voir une sorte de « leçon » donnée au chevalier comme au lecteur ? Quelle conception de l'amour peut-on lire ici en filigrane ?

Lunette, envoyée par Laudine, annonce à Yvain sa disgrâce.
Yvain dans la forêt. – La demoiselle de Norison et Yvain endormi.
Miniature française du XIIIe *siècle.*
Paris, Bibliothèque nationale, ms. fr. 1433.

YVAIN CHEZ LA DAME DE NORISON

La dame tient de la fée Morgue une pommade propre à guérir la folie. Elle en confie un pot à sa demoiselle en lui demandant d'aller en frictionner le chevalier pendant qu'il dort. Celle-ci s'exécute aussitôt, et, après avoir frotté tout le corps et la tête d'Yvain avec la pommade, elle dépose à ses côtés des habits ; puis elle s'éloigne. Yvain se réveille, tout guéri. Honteux de se trouver nu, il prend les vêtements et les met. Il croise alors la demoiselle qui, feignant de ne pas le connaître, lui propose de passer quelques jours au château. Là-bas, Yvain reprend des forces. Un jour survient le comte Alier avec ses chevaliers : ils veulent piller le château. Grâce à Yvain, qui combat magnifiquement, la dame parvient à assurer sa défense. Le comte est finalement fait prisonnier par Yvain, et il se soumet entièrement à la dame. Yvain veut alors partir, malgré les prières de la dame qui aimerait bien l'épouser. Rien n'y fait, il reprend sa route.

L'ÉPISODE DU LION

Messire Yvain cheminait tout pensif par une forêt profonde lorsqu'il entendit dans la forêt un cri douloureux et perçant. Il se dirigea du côté d'où ce cri venait, et, à son arrivée, il vit dans un essart un lion et un serpent qui le tenait par la queue et lui brûlait toute l'échine de flammes ardentes. Messire Yvain ne regarda pas longtemps ce prodige, mais il se demanda auquel des deux il porterait secours. À la fin, il décida de prendre le parti du lion, car on doit faire du mal aux êtres venimeux et pleins de traîtrise[1] ; or, le serpent était venimeux et sa bouche vomissait du feu, si grande était sa félonie. Aussi messire Yvain pense qu'il le tuera le premier. Il tire son épée, s'avance et se couvre le visage de son écu, afin de se protéger de la flamme que le serpent crachait par la bouche, plus large qu'une marmite. Si le lion attaque ensuite, il trouvera avec qui combattre ; mais pour l'instant, Yvain décide de l'aider, car sa pitié l'engage et l'incite à accorder son secours et son aide à la noble et loyale bête. De son épée affilée, il attaque le félon ; son fer s'enfonce jusqu'à terre, le coupant en deux, puis en quatre. Yvain frappe, frappe encore, et fait si bien qu'il le met en pièces. Mais il dut aussi couper un morceau de la queue du lion, car la tête du perfide serpent y restait attachée ; il en trancha autant qu'il fallait, aussi peu qu'il put. Quand il eut délivré le lion, il pensa qu'il allait devoir se battre avec lui, et que le lion allait lui sauter dessus ; mais cette idée ne vint pas à la bête. Écoutez ce que fit alors le lion : il agit comme l'aurait fait un noble valeureux ; il prit l'attitude de celui qui se rend, étendit devant lui ses pieds joints, et tint sa tête inclinée vers la terre ; il se tint

1. **Aux êtres venimeux et pleins de traîtrise :** le serpent est traditionnellement associé à la traîtrise. Le lion, au contraire, est l'animal noble et courageux par excellence.

sur ses pattes de derrière, puis s'agenouilla ; et il mouillait sa face de larmes, par grande humilité. Messire Yvain comprend que le lion le remercie, et qu'il s'humilie devant lui pour lui témoigner sa gratitude d'avoir tué le serpent et de l'avoir sauvé. Cette aventure lui plaît fort. Il essuie son épée souillée du venin et de la bave du serpent, la remet au fourreau et poursuit sa route. Et le lion est à ses côtés, et jamais il ne se séparera de lui : il l'accompagnera toujours, désormais, car il entend le servir et le protéger. Il ouvrit la marche, lorsqu'il sentit sous le vent des bêtes sauvages en pâture ; la faim et l'instinct le poussent à poursuivre sa proie et à chasser pour assurer sa subsistance : ainsi le veut l'instinct. Il se met un instant sur leurs traces, si bien qu'il a fait comprendre à son maître qu'il a flairé et dépisté l'odeur et le fumet d'une bête sauvage. Il le regarde alors et s'arrête, car il veut obéir à son bon plaisir : nulle part il ne veut aller contre la volonté d'Yvain. Et Yvain comprend à son regard qu'il lui fait signe qu'il l'attend. Il devine et se rend bien compte que, s'il s'arrête, le lion s'arrêtera, et que, s'il le suit, il attrapera le gibier qu'il a flairé. Alors, Yvain l'excite, comme il eût fait un brachet[1], et, aussitôt, le lion met le nez au vent, suivant le fumet qu'il avait senti. Il ne l'avait pas trompé, car, à moins d'une portée d'arc, il aperçut dans une vallée un chevreuil qui pâturait solitaire. Il décida de le prendre, et y parvint à la première attaque ; puis il en but le sang tout chaud. Quand il l'eut tué, il le jeta sur son dos, l'emporta et rejoignit son maître, à qui il témoigna beaucoup de tendresse, car il l'aimait de tout son cœur. Il faisait presque nuit, et Yvain décida de camper et d'écorcher du chevreuil autant qu'il voudrait en manger. Il commence donc à l'écorcher, lui fend le cuir sur les côtes, et découpe dans l'échine un morceau entrelardé ; il tire des étincelles d'un caillou bis et enflamme du bois sec ; puis il met son rôti à la broche et le fait cuire rapidement. Il le laissa

1. **Brachet :** petit chien de chasse.

La rencontre du lion

REPÈRES

• À ce stade de l'aventure, quels actes héroïques Yvain a-t-il déjà accomplis ?
• D'après vous, pourquoi Yvain a-t-il refusé de rester chez la dame de Norison ?

OBSERVATION

• Qu'évoque l'image d'un serpent qui crache des flammes ?
• Pourquoi Yvain parle-t-il de « prodige » ? Quel synonyme pourrait-on donner à ce mot ici ?
• Le serpent est qualifié d'être plein de « félonie » : c'est une image traditionnelle du serpent. Quel épisode de la Bible est à l'origine de cette vision ?
• Quels sont les adjectifs qui qualifient le lion ? Vous paraissent-ils habituels ? Cherchez le nom et la fonction du lion dans le *Roman de Renart.*
• En quoi l'attitude du lion fait-elle penser à celle d'un homme ? Quel type de rapport le lion établit-il avec Yvain ?
• Quel événement montre que le lion garde aussi certaines caractéristiques de l'animal ?
• Quels éléments peut-on qualifier de « merveilleux » ici ?

INTERPRÉTATIONS

• Cherchez dans un dictionnaire des noms propres la légende de saint Georges : en quoi la figure d'Yvain fait-elle écho à celle du saint ? Que cela signifie-t-il par rapport à l'évolution morale d'Yvain ?
• Le compagnie du lion : pourquoi peut-on dire qu'elle valorise le chevalier ? Montrez qu'elle marque une étape dans l'itinéraire d'Yvain.

DE LA LECTURE À L'ÉCRITURE : racontez une histoire dans laquelle un animal sauve la vie d'un homme.

YVAIN RETROUVE LA FONTAINE

Ils partirent ensemble au matin, et ils menèrent, je crois, le soir, la vie qu'ils avaient menée la nuit précédente. Cela dura une quinzaine de jours. Le hasard les conduisit à la fontaine, sous le pin. Las ! messire Yvain pensa redevenir fou quand il approcha de la fontaine, du perron et de la chapelle. Mille fois, il s'appelle infortuné et malheureux, et, de douleur, s'évanouit ; et son épée, qui joue dans le fourreau[1], tombe de la gaine. La pointe pénètre dans les mailles du haubert, près du cou et atteint la joue ; les mailles se disjoignent, et la lame lui entaille la peau du cou, sous la cotte de maille étincelante ; et le sang coule. Le lion croit que son compagnon, son maître, est mort sous ses yeux ; en nulle occasion il n'a ressenti plus grand chagrin. Il se met à manifester une telle douleur (aucun conte, aucun récit n'en relate de semblable) qu'il se tord de désespoir, se griffe et crie ; il veut mourir de l'épée qui, pense-t-il, a tué son bon maître. Avec ses dents, il la retire de la blessure, l'appuie sur un tronc qui gît sur le sol, cale la poignée contre un arbre pour l'empêcher de glisser quand il en pourfendra sa poitrine. Il allait mettre son projet à exécution lorsque Yvain revint à lui ; le lion retint son élan, lui qui courait à la mort, tête baissée, comme un sanglier furieux qui ne prend garde où il se précipite. C'est ainsi que messire Yvain s'évanouit devant le perron. Quand il revint à lui, il se reprocha amèrement d'avoir laissé passer le délai d'un an, et de s'être attiré ainsi la haine de sa dame. « Pourquoi tarde-t-il à se tuer, dit-il, le misérable qui cause lui-même son désespoir ? Qu'est-ce que j'attends pour mettre fin à mes jours ? Comment puis-je demeurer ici, et voir tout ce qui me rappelle ma dame ? Pourquoi mon âme ne quitte-t-elle mon corps ? Que fait l'âme dans un corps si souffrant ? Si elle s'en était échappée, elle n'endurerait pas un tel martyre. C'est mon

1. **Qui joue dans le fourreau :** l'étui de l'épée étant trop grand, elle en tombe et blesse Yvain.

devoir que de me haïr, de me blâmer, de me mépriser sans pitié, et je n'y manque pas. Celui qui renonce à la joie, au bonheur par sa propre faute doit bien se haïr à mort. Il doit se haïr et mourir. Et moi, qui suis sans témoin, pourquoi hésité-je à me tuer ? N'ai-je pas vu ce lion qui a éprouvé pour moi un chagrin si grand qu'il a voulu s'enfoncer mon épée dans la poitrine ? Et je devrais craindre de mourir, moi qui ai changé ma joie en affliction ? Maintenant, la joie, le bonheur m'ont quitté [...][1]. De toutes les joies, la plus merveilleuse était celle qui m'était réservée ; mais elle a bien peu duré ! Celui qui cause lui-même sa propre perte n'a pas droit au bonheur. »

Cependant qu'il se lamente ainsi, une prisonnière, une malheureuse se trouve enfermée dans la chapelle ; elle l'a vu et entendu à travers une crevasse du mur. Quand il est revenu à lui, elle l'appelle :

« Dieu, fait-elle, que vois-je là ? Qui donc se lamente ainsi ? »

Et il répond :

« Et vous, qui êtes-vous ?

— Je suis, fait-elle, une captive, la créature la plus misérable qui soit. »

Et il répond :

« Silence, écervelée ! Une douleur comme la tienne est joie, bonheur en comparaison des malheurs qui m'accablent. Plus un homme a appris à vivre dans la joie et le plaisir, plus le malheur le trouble et le désoriente quand il survient ; l'homme faible porte par routine et par accoutumance le fardeau dont un homme plus robuste ne voudrait à aucun prix.

— Pardieu, fait-elle, je le sais bien, et c'est l'exacte vérité ; mais cela ne prouve pas que vous souffriez plus que moi, et ce qui m'empêche de le penser, c'est que vous pouvez, je crois, aller où bon vous semble, tandis que je suis enfermée

1. En raison de leur obscurité, les trois vers suivants ont été supprimés.

ici. Et voici le sort qui m'attend : demain, on viendra me chercher ici et on me livrera au supplice.

— Ah, Dieu, et quel est votre crime ?

— Sire chevalier, Dieu me damne si je l'ai mérité en quoi que ce soit ! Voici la vérité, toute la vérité. Je suis prisonnière parce qu'on m'accuse de trahison, et je ne trouve personne pour me sauver demain du bûcher ou du gibet.

— Je puis donc dire que ma douleur et mon affliction sont plus grandes que votre chagrin, car le premier venu pourrait vous tirer de ce mauvais pas, et vous ne seriez ni brûlée ni pendue.

— Certes, mais je ne sais encore qui le fera : il n'y a jusqu'ici que deux hommes qui osent livrer bataille contre trois combattants.

— Quoi ? Par Dieu, ils sont trois ?

— Oui, sire, je vous l'assure : trois qui m'accusent de trahison.

— Et qui sont ceux qui vous aiment tant, et dont chacun serait assez hardi pour combattre trois adversaires afin de vous sauver et de vous protéger ?

— C'est ce que je vais vous dire sans mentir : l'un est messire Gauvain, l'autre messire Yvain, à cause de qui je serai livrée au supplice jusqu'à ce que mort s'ensuive, et sans l'avoir mérité.

— À cause de qui, avez-vous dit ?

— Sire, Dieu me garde, à cause du fils du roi Urien.

— Je vous ai trop entendue ! Eh bien, vous ne mourrez pas sans lui. Je suis Yvain, à cause de qui vous êtes dans l'angoisse, et vous êtes, je crois, celle qui me cacha dans la chambre ; vous m'avez sauvé la vie quand j'étais pris entre les deux portes coulissantes[1] et que j'étais si inquiet, si triste, si désemparé et si mal en point ; j'y aurais été pris, j'y serais

1. **Portes coulissantes** : allusion à l'épisode dans lequel Yvain, au château d'Esclados, a failli être coupé en deux par les portes coulissantes qui sont retombées sur son cheval.

mort, sans votre secours obligeant. Mais dites-moi, douce amie, qui sont ceux qui vous accusent de trahison et vous tiennent prisonnière dans ce cachot ?

— Sire, je ne vous le cacherai pas davantage, puisqu'il vous plaît que je m'explique. Sur ma prière, ma dame vous prit pour époux ; mon prestige et mon crédit augmentèrent et, par la sainte Patenôtre[1], je pensais agir plus pour son avantage que pour le vôtre ; c'est toujours mon sentiment. Car, je puis le confesser maintenant, mon unique intention, c'est de servir son honneur et de faire votre volonté : Dieu m'en donne la force ! Mais quand il arriva que vous eûtes dépassé le délai fixé pour votre retour auprès de ma dame, aussitôt elle s'emporta contre moi et se tint pour trompée dans sa confiance en moi. Et quand le sénéchal l'apprit, un félon, un traître fieffé[2] qui me jalousait fort parce que ma dame, en mainte affaire, m'accordait plus de crédit qu'à lui, il vit qu'il pourrait en profiter pour mettre la brouille entre nous. En pleine cour, devant tout le monde, il m'accusa de l'avoir trahie par amour pour vous, et je n'eus d'autre défense et d'autre ressource que de plaider moi-même en affirmant que je n'avais jamais trahi ma dame, ni n'en avais seulement eu l'intention. Alors, sire, par Dieu, je fus effrayée et déclarai aussitôt, sans réfléchir, que je me ferais défendre par un chevalier opposé à trois adversaires. Le félon n'eut pas la courtoisie[3] de refuser cette épreuve, et je ne pouvais, quoi qu'il arrivât, me dédire ou reculer. Il me prit donc au mot, et il me fallut m'engager à trouver un champion désireux de combattre contre trois adversaires, et dans un délai d'un mois. J'ai séjourné en maintes cours : j'ai été à la cour du roi Arthur, et n'y ai trouvé personne qui voulût m'aider, ou me

1. **Patenôtre :** prière du Notre Père (soudure de *Pater Noster*)
2. **Traître fieffé :** le plus grand traître possible.
3. **Le félon n'eut pas la courtoisie :** le sénéchal, s'il avait été loyal, n'aurait pas accepté un combat si inégal.

donner de vous des nouvelles qui me fussent agréables : nul n'en avait.

— Et messire Gauvain, je vous prie, le franc, le doux, où était-il donc ? Jamais demoiselle dans l'embarras ne recourut en vain à ses services.

— Il m'aurait rendu la joie et le bonheur si je l'avais trouvé à la cour, et je ne lui aurais rien demandé qui ne me fût aussitôt accordé ; mais un chevalier a emmené la reine[1], à ce qu'on m'a dit, et le roi fut assez fou pour l'envoyer à sa recherche, et je crois bien que Keu la conduisit au chevalier qui l'enleva. C'est dans une rude aventure que messire Gauvain s'est engagé en partant à sa recherche. Jamais il ne prendra un instant de repos avant de l'avoir retrouvée. Voilà, je vous ai révélé toute mon aventure. Demain, je mourrai de mort honteuse, et je serai brûlée sans recours, parce qu'on vous hait et qu'on vous méprise.

— À Dieu ne plaise, répondit Yvain, que l'on vous fasse du mal à cause de moi. Vous ne mourrez pas, je m'en fais fort ! Demain, vous pourrez m'attendre, prêt, autant que je pourrai, à risquer ma vie pour vous délivrer : c'est pour moi un devoir. Mais n'allez pas raconter ou révéler qui je suis ! Quelle que soit l'issue de la bataille, veillez à ce qu'on ne m'y reconnaisse pas.

— Sire, j'obéirai. Aucun tourment ne me ferait révéler votre nom. Je préférerais mourir, pour respecter votre désir. Mais je vous supplie de ne pas revenir pour moi. Je ne veux pas que vous entrepreniez un combat si terrible. Je vous sais gré de votre promesse de vous en charger volontiers, mais je vous en libère et j'aime mieux mourir seule que de les voir se réjouir de votre mort et de la mienne. Quand ils vous

1. **Un chevalier a emmené la reine :** allusion à un autre roman de Chrétien de Troyes, *Lancelot ou le Chevalier de la Charrette*, qui raconte l'enlèvement de la reine par Méléagant. Gauvain et Lancelot partent alors à sa recherche.

auraient tué, je ne leur échapperais pas pour cela. Mieux vaut que vous restiez en vie plutôt que nous mourrions tous les deux.

— Vous me chagrinez beaucoup, belle amie : sans doute ne souhaitez-vous pas être sauvée, à moins que vous ne dédaigniez l'appui de mes armes. Je n'en débattrai pas plus longtemps avec vous : vous avez tant fait pour moi que je ne dois pas, cependant, vous abandonner lorsque vous êtes en difficulté. Je sais bien que ce combat vous épouvante, mais s'il plaît à Dieu en qui j'ai toute confiance, ils seront tous trois vaincus. C'est assez parler, et je m'en vais camper dans ce bois, n'importe où, car je ne connais pas de maison dans le voisinage où je puisse passer la nuit.

— Sire, fait-elle, Dieu vous accorde bon gîte et bonne nuit, et vous garde, comme je le souhaite, de tout ce qui pourrait vous importuner. » (Vers 3479-3763.)

Examen méthodique

Yvain et Lunette prisonnière

Repères

- Quel événement ranime la douleur d'Yvain ?
- Quel personnage lui redonne une raison de vivre ?

Observation

- Relevez tous les moments où le hasard intervient dans ce passage. Montrez qu'il joue un rôle essentiel dans l'avancée du récit.
- À quels indices voit-on que le lion réagit comme un homme ? Montrez que le lion devient même un modèle pour Yvain.
- Par quel procédé Yvain nous fait-il part de son désespoir ? Pourquoi le chevalier veut-il mettre fin à ses jours ?
- Comment cet épisode est-il relié à la faute d'Yvain envers sa dame ? Ce lien vous paraît-il important ?
- Pourquoi la demoiselle pense-t-elle que seuls Yvain et Gauvain pourraient la sauver ?
- Le sénéchal est traditionnellement un personnage négatif. Comment est-il qualifié dans le passage ? Quel autre sénéchal a été critiqué au début du récit ?
- Comment la jeune fille veut-elle prouver son innocence ?
- Quel est le sens du mot « champion » à la ligne 123 ?
- Quel indice nous apprend que le roman a été écrit en même temps que *Lancelot ou le Chevalier de la Charrette* ?
- D'après vous, pourquoi Yvain veut-il rester dans l'anonymat ?

Interprétations

- Que nous apprend le récit de Lunette sur le fonctionnement de la justice au Moyen Âge (la façon de porter plainte, la façon de se défendre, le moyen de reconnaître le coupable) ? Vous pourrez vous aider de l'étude d'ensemble p. 170

Yvain et Harpin de la montagne

Yvain poursuit sa route et arrive à un château dans lequel il souhaite faire halte. Les gens l'accueillent avec plaisir. Mais leur joie est mêlée de peur car ils redoutent fort l'aventure qui les attend : un perfide géant, nommé Harpin de la montagne, veut que le seigneur du château lui donne sa fille, merveilleusement belle. Le géant a aussi enlevé ses six fils, et il en a tué deux. Si le seigneur ne lui remet pas sa fille dès le lendemain, il tuera les autres fils. Le seigneur aurait bien demandé à Gauvain d'affronter le géant, d'autant plus qu'il est l'oncle de ses enfants, mais celui-ci a disparu on ne sait où. Yvain propose alors d'affronter le géant, à la seule condition que le combat aura lieu avant midi, car après, il devra partir pour secourir Lunette. Tous se réjouissent à l'idée qu'il va peut-être les aider. Le lendemain, le géant tarde beaucoup, et Yvain craint de ne pouvoir rester davantage. Mais face aux prières de la fille du seigneur, il attend encore un peu, quand soudain le géant et les chevaliers surviennent.

Ils vinrent chevauchant près du bois ; un nain[1], hideux comme un crapaud bouffi, avait lié les roncins[2] par les queues, et il marchait à côté des quatre jeunes gens ; il les battait sans cesse d'un fouet à six nœuds : c'était pour lui une prouesse ! Il les battait si fort qu'ils saignaient. C'est en les traitant de façon aussi ignoble que les amenaient le géant et le nain. Le géant s'arrêta dans une plaine, devant la porte de l'enceinte. Il crie au noble seigneur qu'il le défie, et qu'il lui tuera ses fils à moins de recevoir sa fille ; il la livrera aux

1. **Un nain :** au Moyen Âge, le nain est presque toujours maléfique.
2. **Les roncins :** chevaux de trait de peu de valeur.

désirs lubriques de sa valetaille[1], car lui-même ne l'aime ni ne l'estime assez pour daigner s'avilir[2] à son contact ; elle aura un millier de vauriens qui la fréquenteront[3] souvent et avec assiduité, ils seront pouilleux et nus, tels des débauchés et des souillons, et chacun apportera sa contribution. Il s'en faut de peu que le noble seigneur ne devienne fou, quand il entend celui qui veut prostituer sa fille, faute de quoi ses fils mourront sous ses yeux ; sa détresse est si grande qu'il aimerait mieux mourir que de vivre. Il se lamente sur son sort, il pleure abondamment et soupire. Alors, messire Yvain lui dit, en homme de cœur, plein de bonté :

« Sire, ce géant qui fait le fanfaron, là dehors, est cruel et plein d'arrogance ; mais je prie que Dieu ne veuille souffrir qu'il dispose de votre fille. Il la dédaigne et l'injurie trop. Ce serait un très grand malheur si une telle beauté, une jeune fille de si noble famille était livrée à la valetaille. Allons, mes armes, mon cheval ! Faites abaisser le pont et laissez-moi sortir. Il faudra bien que l'un de nous deux, je ne sais lequel, soit vaincu. Si je pouvais faire s'humilier le félon, la brute qui ne cesse de nous persécuter, au point de le contraindre à vous rendre vos fils sans contrepartie et à venir ici payer les infamies qu'il vous a dites, je souhaiterais ensuite vous recommander à Dieu, et j'irais à mon affaire. »

On va lui chercher son cheval et on lui donne toutes ses armes ; on se met en peine de bien le servir, et on l'a bientôt équipé. On s'est hâté de l'armer, et on y a mis le moins de temps possible. Quand Yvain fut tout à fait prêt, il n'y eut plus qu'à abaisser le pont et à le laisser partir ; on le lui abaisse et il sort, suivi du lion qui ne se séparerait de lui à aucun prix. Et ceux qui demeurent après son départ le recom-

1. **Valetaille :** terme péjoratif pour désigner l'ensemble des domestiques d'une maison.
2. **S'avilir :** s'abaisser, se dégrader.
3. **Fréquenteront :** ils la violeront.

mandent au Sauveur[1], car ils craignent fort pour lui que le démon, le diable, qui a tué plus d'un vaillant combattant sous leurs yeux, au même endroit, ne lui fasse subir le même sort. Et ils prient Dieu qu'Il le garde de mourir et qu'Il le leur rende sain et sauf, après lui avoir donné le pouvoir de tuer le géant. Chacun à sa façon prie Dieu avec ferveur ; et le géant, avec une farouche audace, vient vers lui et le menace.

« Celui qui t'a envoyé ici, dit-il, ne t'aimait guère, par mes yeux ! Assurément, il n'y avait aucun autre moyen de se venger de toi, absolument aucun ; le voilà fort bien vengé des torts que tu lui as faits.

— Trêve de bavardage, répond Yvain, qui ne tremble pas devant lui ; combats de ton mieux, comme je ferai : tes paroles inutiles m'ennuient. »

Sans attendre, messire Yvain s'élance sur lui ; il a hâte de s'en aller. Il va et le frappe en plein dans la poitrine, qui est cuirassée d'une peau d'ours ; et le géant, de son côté, se précipite sur lui, armé de son épieu. Messire Yvain lui donne en pleine poitrine un coup si violent qu'il perce la peau d'ours. Comme on trempe son pain dans la sauce, il plonge une mouillette dans le sang de ses veines : le fer de sa lance ! Et le géant le heurte de son épieu avec une telle vigueur qu'il le fait plier. Messire Yvain tire son épée, dont il sait donner de grands coups. Il affronte le géant découvert (Harpin, plein de confiance en sa force, ne voulait pas porter d'armure). Et le chevalier, l'épée au poing, fond sur lui ; il le frappe du tranchant de son épée, non du plat, et lui taille un morceau de joue large comme une grillade. Harpin réplique par une autre passe, si terrible qu'il le fait basculer jusque sur le cou de son destrier. À ce coup, le lion se hérisse, et se prépare à aider son maître ; plein de fureur, il bondit, s'agrippe d'une prise solide à la peau d'Harpin et, sur le géant même, il déchire comme une écorce le cuir velu ; du coup, il lui arrache un

1. **Au Sauveur :** au Christ.

Combat de chevaliers.
Miniature française du XIIIe *siècle.*
Paris, Bibliothèque nationale.

grand morceau de hanche ; il lui tranche tendons et muscles, et le géant s'est dégagé, qui crie et beugle comme un taureau, car le lion l'a sérieusement mis à mal. Il lève son épieu à deux mains, et il croit le frapper, mais il manque son coup : le lion saute de côté, le coup est esquivé et l'épieu s'abat sans l'atteindre près de messire Yvain ; Harpin a manqué les deux combattants. Messire Yvain brandit son épée et frappe deux fois. Avant que le géant se soit mis sur ses gardes, il lui a séparé l'épaule du buste du tranchant de l'épée ; la seconde fois, il lui plonge la lame sous le sein jusqu'à la garde[1] et lui transperce le foie ; le géant s'abat, la mort le gagne. La chute d'un grand chêne n'aurait pas, je crois, produit un fracas plus grand que celui qui accompagna la chute d'Harpin. Tous ceux qui sont aux créneaux[2] veulent voir ce coup de maître. C'est là que le plus rapide se distingua, car tous coururent à la curée[3], comme le chien qui a poursuivi le gibier et finit par l'atteindre ; hommes et femmes, chacun court sans se ménager, à qui mieux mieux, vers l'endroit où le monstre gît sur le dos, la gueule vers le ciel.

1. **Garde :** rebord entre la lame et la poignée de l'épée destiné à protéger la main.
2. **Créneaux :** échancrure sur la partie supérieure d'un mur de fortification ; c'est ici l'endroit d'où regardent les spectateurs.
3. **Coururent à la curée :** se précipitent vers Yvain pour voir l'exploit.

Yvain et Harpin

REPÈRES

- Quel autre événement intervient dans l'épisode du combat pour sauver Lunette ?
- Pourquoi Yvain accepte-t-il d'aider le seigneur ?
- Sa fidélité à Lunette est-elle pour autant mise en doute ?

OBSERVATION

- Le nain est traditionnellement un personnage négatif. Est-ce le cas ici ? Relevez les éléments du texte justifiant votre réponse.
- Les chevaliers ont été mis sur des « roncins » : cette monture convient-elle à un chevalier ?
- Relevez des éléments montrant le mépris du géant, vis-à-vis de la jeune fille comme d'Yvain.
- Le géant représente souvent une menace sexuelle : relevez les éléments du texte qui illustrent cette tradition.
- Comparez les armes d'Yvain et celle du géant : que signifie cette différence ?
- L'horreur du combat : montrez que le narrateur détaille toutes les blessures infligées au géant. D'après vous, pourquoi se fait-il si précis ?
- L'humour du narrateur : certaines notations sont aussi amusantes. Relevez deux comparaisons illustrant ce comique.
- L'intervention du lion vous paraît-elle déloyale envers le géant ?

INTERPRÉTATIONS

- La caricature : montrez que le narrateur oppose très nettement les personnages des deux camps en exagérant les vices des uns et les vertus des autres.
- Comparez cette scène de combat avec celle d'Yvain contre Esclados, p. 48. L'assaillant d'Yvain est-il considéré de la même façon dans les deux passages. Pourquoi ?

LUNETTE AU BÛCHER

Tous l'acclament et le remercient. Yvain demande alors au seigneur et à ses enfants d'aller trouver Gauvain, quand ils apprendront son retour. Qu'ils lui racontent son exploit et lui disent que celui qui a affronté le géant s'appelle « le Chevalier au Lion ». Yvain les quitte ensuite, pressé qu'il est de rejoindre Lunette. Il arrive juste à temps sur le lieu du supplice.

Lunette était au bûcher, attachée, aux mains de ceux qui l'accusaient à tort d'une perfidie qu'elle n'avait jamais ourdie. Et messire Yvain, qui arrivait près du brasier où on voulait la jeter, dut en concevoir de l'angoisse, n'en doutez pas, ou vous ne mériteriez pas de passer pour courtois et sages. Il en fut très affecté, c'est certain, mais il ne perdit pas confiance en lui-même : Dieu et le droit[1] combattront à ses côtés et lui accorderont leur aide : il a grande confiance en eux, comme en son lion qui lui est très attaché. Il s'élance vers la foule, et va criant : « Laissez, laissez donc cette demoiselle, vauriens ! Il n'est pas juste qu'elle soit mise au bûcher, jetée dans la fournaise : elle est innocente ! » On s'écarte aussitôt pour le laisser passer, et il se hâte d'aller contempler des yeux celle dont l'image ne quitte pas son cœur, où qu'elle soit ; il la cherche du regard et finit par l'apercevoir. Il contient de toutes ses forces son cœur, il en refrène les battements, comme on retient, à grand-peine, en tirant fort sur les rênes, un cheval fougueux. En soupirant, il la regarde, avec grand plaisir, mais il ne fait pas entendre ses soupirs, et les retient avec difficulté. Il est tout pris de pitié pour les pauvres dames

1. **Dieu et le droit :** allusion à la règle du « Jugement de Dieu » ; elle suppose le droit garanti par Dieu, qui donne la victoire au chevalier défendant la cause la plus juste.

qu'il voit et entend manifester leur chagrin profond. « Ha ! Dieu, disent-elles, comme tu nous as oubliées ! Nous voilà désormais désemparées, nous qui perdons une si bonne amie, le meilleur appui, le meilleur soutien que nous eussions à la cour ! C'est grâce à elle que notre dame nous revêtait de ses robes fourrées de petit-gris ; tout va changer, maintenant, car il n'y aura plus personne pour plaider notre cause. Dieu maudisse celui qui nous l'enlève, par qui nous allons la perdre ! Nous n'y gagnerons rien de bon. Il ne se trouvera plus personne pour dire et pour entendre : "Ce manteau, ce surcot, cette cotte[1], ma dame chère, donnez-les donc à cette noble femme ! Envoyez-les-lui, et ce bienfait sera le très bien venu : elle en a tant besoin !" Il ne sera plus question de cela, car la générosité et la courtoisie se perdent ; chacun demande pour soi, non pour autrui ce dont il n'a que faire. » Ainsi se désolent-elles, et messire Yvain, mêlé à leur groupe, entendait leurs plaintes, qui n'étaient ni exagérées ni feintes ; il aperçut Lunette à genoux, vêtue de sa simple chemise. Elle s'était déjà confessée, elle avait demandé à Dieu de l'absoudre de ses péchés et elle avait avoué ses fautes. Celui qui l'avait tant aimée s'approcha d'elle, la fit lever et dit : « Demoiselle, où sont ceux qui vous blâment et vous accusent ? Je leur livrerai bataille sur-le-champ, s'ils acceptent. » La jeune fille, qui ne l'avait encore ni regardé ni même aperçu, lui répondit : « Sire, au nom de Dieu, secourez-moi : je suis en grand péril. Les faux témoins qui m'accusent ont préparé mon supplice. Si vous aviez tardé un peu, je ne serais plus que charbons et cendres. Vous êtes venu pour me sauver ; Dieu vous en donne le pouvoir, car je ne suis pas coupable du crime dont on m'accuse. » (Vers 4317-4405.)

1. **Ce surcot, cette cotte** : Le surcot est un vêtement qui se portait sur la cotte (sorte de tunique) et sous le manteau.

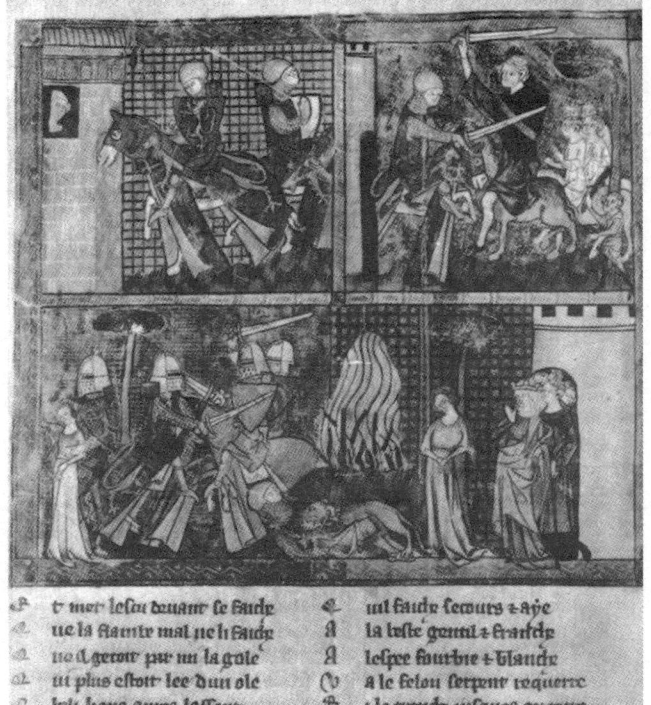

Yvain et Lunette prisonnière. – Combat d'Yvain et du sénéchal félon.
Combat d'Yvain devant le bûcher.
Miniature française du XIII*e siècle.*
Paris, Bibliothèque nationale, ms. fr. 1433.

COMBAT D'YVAIN ET DES FAUX TÉMOINS

Le sénéchal et les faux témoins injurient Lunette et conseillent à Yvain de partir : ils sont trois contre lui ! Mais Yvain ne les craint pas, car la demoiselle qu'il défend est dans son droit, et Dieu récompense toujours les causes justes. Le combat commence. Yvain se défend vaillamment et longuement. Toutefois, il finit par faiblir face aux trois attaquants. Le lion décide alors d'intervenir, et il se rue sur le sénéchal. À deux, ils vainquent aisément leurs adversaires et Lunette est délivrée. Quant aux trois autres, ils sont condamnés à subir la peine qu'ils avaient infligée à Lunette : ils sont donc mis à sa place sur le bûcher.

YVAIN ET LAUDINE

Lunette est heureuse, ravie, de cette réconciliation ; jamais personne ne manifesta tant de joie. Chacun, comme il se doit, offre à son seigneur son service, mais nul ne l'a reconnu, pas même la dame qui avait son cœur, sans le savoir. Elle le pria chaleureusement de lui faire la grâce de demeurer chez elle à attendre sa guérison et celle de son lion.

Il répond :

« Dame, il ne me sera possible de demeurer ici que lorsque ma dame aura cessé de m'en vouloir et d'être en colère contre moi. Alors seulement finiront toutes mes épreuves.

— J'en suis vraiment désolée, et je ne trouve guère courtoise la dame qui vous garde rancune. Jamais elle n'aurait dû repousser un chevalier de votre qualité, à moins qu'il ne se soit rendu coupable d'une faute trop grave à son égard.

— Dame, j'en suis accablé, mais je me soumets à sa volonté. Ne m'interrogez pas : je ne dirai rien de ses raisons ni de mes torts à personne, sauf à ceux qui les connaissent.

— Il en est donc, à part elle et vous ?

— Oui, assurément, dame.

— Quel est donc votre nom ? Dites-le-nous, s'il vous plaît, sire ; vous seriez quitte après.

— Quitte ? Oh, non, dame ! Je dois plus que je ne puis rendre. Cependant, je ne vous dois pas cacher le nom dont je me fais appeler : vous ne pourrez entendre parler du Chevalier au Lion sans savoir de mes nouvelles ; c'est ainsi que je veux qu'on m'appelle[1].

— Par Dieu, sire, comment se fait-il que nous ne vous ayons jamais vu, et que votre nom nous soit inconnu ?

— Dame, cela vous montre que je ne suis guère renommé. »

La dame insista :

« Si je ne craignais de vous ennuyer, je vous prierais encore de demeurer quelque temps parmi nous.

— Dame, je ne saurais le faire, avant d'être certain de ne pas déplaire à ma dame.

— Dieu vous accompagne, beau sire ! Puisse-t-Il faire que votre accablement et votre chagrin se transforment en joie !

— Dame, répond-il, Dieu vous entende ! »

Et il ajouta à voix basse :

« Vous emportez la clé, et vous possédez l'écrin où ma joie est enfermée, et vous ne le savez pas ! »

Il part, bouleversé. Nul ne l'a reconnu, hormis Lunette, qui l'accompagne longtemps. (Vers 4570-4632.)

Yvain demande à Lunette de ne pas révéler aux autres son identité ; elle le lui promet. Il lui demande aussi, avant de la quitter, d'intercéder en sa faveur auprès de sa dame, si elle en a l'occasion. Yvain chevauche tristement, en portant son lion blessé sur une litière. Ils parviennent à une forteresse, le château de la Noire-Épine, où les deux filles du seigneur les soignent. Guéris, Yvain et son lion reprennent la route. Mais entre-temps, le seigneur de la Noire-Épine vient à mourir.

1. **C'est ainsi que je veux qu'on m'appelle** : il utilise ce pseudonyme car son vrai nom, Yvain, est celui d'un chevalier déchu, qui s'est montré infidèle envers sa dame.

Lunette au bûcher

REPÈRES

- Où se trouve Lunette à l'arrivée d'Yvain ? En quoi est-ce un moment critique ?
- Qui prend la place de Lunette à la fin ? Pourquoi ?

OBSERVATION

- Lunette au bûcher :

– Relevez, au début du passage, une phrase qui s'adresse au lecteur. Que pouvez-vous en déduire quant au public du roman ?
– Expliquez l'expression « Dieu et le droit ». Quel pays possède aujourd'hui encore cette devise ? Pourquoi, dans ces conditions, Yvain est-il sûr de sa victoire ?
– Qui est « celle dont l'image ne quitte pas son cœur » ? En quoi sa présence a-t-elle une influence sur le comportement du héros ?
– À quoi le cœur d'Yvain est-il comparé ? Justifiez cette comparaison.
– Quelle est la qualité de Lunette qui apparaît dans le discours des dames ? Montrez que le personnage acquiert une nouvelle dimension.
– Quels sont les rites qui précèdent la mort au Moyen Âge ?

- Yvain et Laudine

– Qu'est-ce qu'un quiproquo ? Expliquez comment cela s'applique au dialogue entre Yvain et la dame.
– Comment Yvain se fait-il appeler ? Ce changement de nom correspond-il aussi à un changement du personnage ?

INTERPRÉTATIONS

En quoi le bûcher évoque-t-il le Moyen Âge ? Citez-en un exemple que vous connaissez. Dans le cas de Lunette, c'est une innocente qu'on envoie au supplice, mais n'y a-t-il pas dans le passage un personnage coupable qui cherche à se faire pardonner ? Que représente donc l'épisode du bûcher ?

DE LA LECTURE À L'ÉCRITURE : racontez une histoire dans laquelle on trouvera un quiproquo.

La folie ou la « mort » d'Yvain

En devenant fou, Yvain perd non seulement la raison, mais aussi tout ce qui constituait son identité de chevalier courtois : ses armes, ses habits, ses mœurs, jusqu'à son nom. Il vit alors dans la forêt (espace sauvage), antithèse du château (lieu civilisé). L'épisode de la folie est donc l'équivalent d'une « mort » symbolique du héros, devenu une véritable bête sauvage, qui n'a plus rien de l'ancien Yvain. Le héros serait d'ailleurs effectivement mort de faim s'il n'avait rencontré un ermite, dont le secours joue un grand rôle dans sa résurrection. Les ermites sont à l'époque des hommes touchés par la grâce, qui vivent en marge de la société, tapis dans les forêts, refusant de s'intégrer à un clergé qu'ils jugent corrompu. Cet ermite, en offrant eau et nourriture à Yvain, l'initie à la charité, vertu qu'Yvain saura exercer ensuite avec les jeunes filles. Quant à la guérison par l'onguent, elle est comparable à un nouveau baptême, qui redonne vie au héros en lui rendant son identité de chevalier. Il peut désormais expier sa faute en se mettant au service des faibles.

Le Chevalier au Lion

La compagnie du lion témoigne de la transformation radicale du héros. En effet, le lion est l'un des animaux les plus fréquemment décrits dans les « bestiaires », livres très appréciés du Moyen Âge qui expliquent le sens symbolique des animaux. Ainsi, le lion est censé incarner la force, la générosité et la noblesse. Parfois même, il figure le Christ. En ce sens, le lion est le signe du nouveau visage d'Yvain : charitable, dévoué et désintéressé, à l'opposé de ce qu'il était auparavant : avide de gloire égoïste, de profits (on gagnait de fortes sommes d'argent aux tournois), et oublieux de ses promesses. Un autre signe de ce revirement se note dans le souci qu'a le héros de respecter ses engagements : il accepte d'affronter Harpin à la seule condition que le combat ait lieu avant midi, heure à laquelle il a promis à Lunette de l'aider (p. 95). Désormais, le héros ne s'engage plus à la légère, et il sait tenir ses promesses.

Les sœurs de la Noire-Épine

Après sa mort, voici ce qui se passa entre ses deux filles : l'aînée revendiqua la jouissance de toute la terre jusqu'à sa mort, et pour elle seule : elle ne la partagerait pas avec sa sœur. La cadette déclara qu'elle irait à la cour du roi Arthur demander un appui pour l'aider à revendiquer la partie qui lui en revenait[1]. Quand l'autre vit que sa sœur ne lui abandonnerait en aucun cas tout le bien sans procès, elle en fut très inquiète et déclara qu'elle ferait son possible pour arriver à la cour avant elle. Elle fait aussitôt ses préparatifs et, sans faire étape ni s'arrêter, elle se rend à la cour ; l'autre la suit, et se hâte autant qu'elle peut. Voyage inutile : la première avait déjà plaidé sa cause auprès de messire Gauvain, et il lui avait promis tout ce qu'elle lui avait demandé. Mais ils avaient passé le marché suivant : si elle révélait leur accord, il refuserait ensuite de combattre pour elle ; et elle avait accepté. La cadette vint à la cour, vêtue d'un manteau d'écarlate court, fourré d'hermine[2] ; il y avait trois jours que la reine avait été délivrée de la prison où Méléagant la tenait enfermée, avec tous les autres captifs. Victime du traître, Lancelot était enfermé dans la tour[3]. Le jour même de l'arrivée de la jeune fille, on avait appris la nouvelle que le géant cruel et perfide avait été tué par le Chevalier au Lion, et les salutations du chevalier avaient été transmises à messire Gauvain par ses neveux ; sa nièce lui avait narré le grand service qu'il leur avait rendu par amour pour lui, ajoutant qu'il le connais-

1. **La partie qui lui en revenait :** selon le droit médiéval, la totalité de l'héritage revient à l'aînée. Toutefois, en principe, l'aînée restitue une partie de son héritage à la cadette afin de ne pas la laisser démunie.
2. **Fourré d'hermine :** fourrure d'un animal proche de la belette.
3. **Lancelot était enfermé dans la tour :** à nouveau, allusion à des événements se déroulant dans *Le Chevalier de la Charrette*.

sait bien, quoiqu'il ignorât qui il était. Ce propos parvint aux oreilles de celle qui était tout éperdue, préoccupée et désemparée : elle désespérait de trouver à la cour conseil ou protection, puisqu'elle ne pouvait obtenir l'appui du meilleur des chevaliers ; elle avait sollicité de bien des façons messire Gauvain ; elle l'avait supplié d'intervenir par amour pour elle, mais il avait répondu : « Amie, vous me priez en vain ; je ne puis vous satisfaire, ayant à m'occuper d'une autre affaire, que je ne puis abandonner. » La jeune fille se présenta alors devant le roi.

« Roi, dit-elle, je suis venue auprès de toi et de ta cour pour chercher un appui[1], en vain ; je m'étonne de n'en point trouver, mais je manquerais de sagesse si je m'en allais sans prendre congé de toi. Que ma sœur sache, en tout cas, qu'elle pourrait obtenir de mon bien à l'amiable, si elle y consentait ; mais, pour autant que j'en aurai le pouvoir, et pourvu que je trouve aide et soutien, je ne lui céderai pas mon héritage sous la menace de la force.

— C'est sagement parler, répondit le roi, et puisqu'elle est ici, je lui suggère, je lui demande, je la prie de vous laisser la part qui vous revient de droit. »

Et l'autre, qui était forte du soutien du meilleur chevalier du monde, réplique :

« Sire, Dieu me confonde si je lui abandonne de ma terre ne serait-ce qu'un château, un bourg, un essart, un bois, une plaine ou rien d'autre. Mais si un chevalier ose s'armer pour prendre son parti, qui que soit celui qui prétendra défendre sa cause, qu'il s'avance à l'instant !

— Cette proposition n'est pas acceptable, repartit le roi. Le délai n'est pas suffisant ; je lui donne au moins quatorze jours pour se trouver un champion selon l'usage de toutes les cours. »

1. **Pour chercher un appui :** en cas de conflit, le recours au roi est habituel.

L'aînée répond :

« Beau sire roi, vous pouvez établir les lois à votre gré et selon votre bon plaisir ; il ne m'importe, et je n'ai pas à m'y opposer ; il me faut donc accepter ce délai, si elle le demande. »

Et la cadette déclare qu'elle le demande, qu'elle le désire et qu'elle le revendique. Elle recommande alors le roi à Dieu : elle ne cessera pas de chercher partout le Chevalier au Lion, qui ne ménage pas sa peine pour soutenir les jeunes filles qui ont besoin d'être défendues. (Vers 4702-4812.)

Les sœurs de la Noire-Épine

REPÈRES

- Comment cet épisode est-il relié aux aventures d'Yvain ?
- À quel moment Lunette se rend-elle utile, une fois de plus ?

OBSERVATION

- Pourquoi les deux sœurs se disputent-elles ?
- Qu'apprenons-nous sur le droit médiéval par cet épisode ? Expliquez pourquoi chaque sœur se croit dans son bon droit.
- Comment Gauvain est-il qualifié dans le passage (p. 109) ? En vous reportant également aux pages 92 et 95, montrez quelle est la principale fonction de Gauvain à la cour et quelles sont ses qualités.
- D'après vous, pourquoi le narrateur indique-t-il quels vêtements porte la cadette ?
- On trouve une nouvelle allusion aux aventures de Lancelot dans le *Chevalier de la charrette*. Pourquoi cette mention est-elle ici nécessaire pour la cohérence du récit ?
- Quel est le rôle juridique du roi dans le passage (par rapport aux autres chevaliers et par rapport aux deux sœurs) ? Pourquoi ne peut-il arbitrer seul la querelle ?
- Que propose l'aînée pour faire valoir son bon droit ? D'après vous, pourquoi fait-elle cette offre ?

INTERPRÉTATIONS

- Comparez cet épisode avec celui où Yvain secourt Lunette, en montrant bien les ressemblances entre les situations et les personnages. Toutefois, Yvain a-t-il autant de raisons d'aider la cadette qu'il en avait d'aider Lunette ? Que pouvez-vous en déduire sur l'évolution morale du chevalier ?

DE LA LECTURE À L'ÉCRITURE : la nièce de Gauvain a raconté à la cour que « le géant cruel et perfide avait été tué par le Chevalier au lion ». Imaginez le discours qu'elle a pu tenir, les épisodes qu'elle a pu raconter.

LE CHÂTEAU DE PESME-AVENTURE

La jeune fille se met donc en quête du Chevalier au Lion, et elle parcourt bien des contrées. Elle finit par tomber malade ; mais heureusement, elle parvient chez un seigneur qui, la connaissant bien, envoie à sa place une autre demoiselle chercher Yvain. Après bien des peines, celle-ci finit par arriver dans le château où Yvain a vaincu le géant. Le seigneur de l'endroit fait tout pour l'aider, et il la conduit au château de Lunette. Là, elle trouve Lunette qui, après lui avoir raconté comment le Chevalier au Lion l'a sauvée du bûcher, la met sur la bonne route. Elle aperçoit enfin Yvain et le supplie de venir en aide à la demoiselle déshéritée par sa sœur. Yvain accepte immédiatement et ils se mettent en route.

Ils chevauchèrent ensemble, tout en bavardant, et ils allèrent tant qu'ils approchèrent du château de Pesme-Aventure[1]. Ils ne voulurent pas continuer, car le jour baissait. Ils cheminèrent vers le château ; les gens qui les voyaient venir disaient :

« Malvenu, vous êtes le malvenu, sire. Ce gîte vous a été indiqué pour votre malheur et votre honte. Un abbé pourrait en jurer.

— Ha ! répond-il, gens sans cervelle ni honneur, pleins de toute la bassesse du monde, qui avez renié toute vertu, pourquoi m'avez-vous abordé de la sorte ?

— Pourquoi ? Encore un pas et vous l'apprendrez ! Mais vous n'en saurez rien tant que vous ne serez pas monté dans cette haute forteresse. »

1. **Pesme-Aventure** : *pesme* signifie « pire » en ancien français. C'est donc le château de l'aventure la pire.

Alors, messire Yvain se dirige vers le donjon ; les gens se récrient, et lui disent tous à haute voix :

« Hé, hé, malheureux, où vas-tu donc ? Si tu as jamais rencontré dans ta vie quelqu'un qui t'accablât de honte et d'outrages, là où tu vas on t'en fera tant que tu ne pourras le raconter.

— Gens sans honneur, et sans courage, répond messire Yvain, qui les écoute, gens assommants, gens insolents, pourquoi m'abordez-vous ? Pourquoi vous en prenez-vous à moi ? Qu'attendez-vous de moi ? Que me voulez-vous donc, que vous grogniez de la sorte ?

— Ami, tu te fâches sans raison, dit une dame d'un certain âge, qui était fort courtoise et fort sage ; ils ne te disent pas cela par méchanceté, mais ils t'avertissent, pour le cas où tu le comprendrais, de ne pas aller chercher un gîte là-haut ; ils n'osent pas t'en dire la raison, mais ils t'insultent et te grondent parce qu'ils veulent t'effrayer. Ils ont l'habitude d'agir ainsi avec tous les gens qui arrivent, pour les dissuader d'aller là-bas. Et la coutume en usage ici est telle que nous n'osons, quoi qu'il arrive, recevoir chez nous aucun homme de valeur qui vienne du dehors. Le reste te regarde : nul ne songe à t'empêcher de passer et, si tu y tiens, tu monteras là-haut ; mais, si tu m'en crois, tu rebrousseras chemin.

— Dame, répond-il, si je suivais votre conseil, je penserais prendre un parti honorable et avantageux ; mais je ne saurais où trouver un logis pour cette nuit.

— Oui certes, dit-elle ; je n'ai plus rien à dire, car tout cela ne me regarde pas. Allez où bon vous semblera. N'importe ! je serais fort heureuse de vous voir revenir de là-bas sans trop de honte ; mais cela ne se peut.

— Dame, Dieu vous le rende ! mais mon cœur simple me pousse à aller là-bas ; je ferai ce que mon cœur commande. »

Alors, il se dirige vers la porte, ainsi que son lion et la demoiselle. Le portier l'appelle et lui dit :

« Venez vite, venez ! Vous voilà en un lieu où l'on saura vous retenir ; soyez le malvenu ! »

C'est ainsi que le portier l'insulte, et le presse d'arriver : il lui lance une invitation injurieuse. Messire Yvain, sans répondre, franchit le seuil devant lui et trouve une grande salle haute et neuve ; il y avait en face de lui un préau clos de pieux aigus, ronds et gros. Et il vit là, entre les pieux, jusqu'à trois cents pucelles qui faisaient divers ouvrages : elles façonnaient des ouvrages avec du fil d'or, en s'appliquant de leur mieux. Elles étaient d'une telle pauvreté que beaucoup – elles étaient si pauvres ! – avaient leurs vêtements défaits et ne portaient pas de ceinture ; leurs tuniques étaient déchirées à la poitrine et sur les côtés, et leurs chemises étaient sales sur le dos. Elles avaient le cou grêle et le visage blêmi par la faim et la souffrance. Il les voit, elles le voient et, aussitôt, baissent la tête et se mettent à pleurer ; elles demeurent longtemps ainsi, n'ayant plus le cœur à rien faire, tant elles sont abattues. Messire Yvain les regarde un instant, puis il tourne les talons et se dirige droit vers la porte ; et le portier s'élance à sa rencontre et lui crie :

« Inutile : vous ne vous en irez pas maintenant, beau maître ; vous voudriez être dehors, à l'heure qu'il est, mais, sur ma tête, il n'en est pas question : avant, vous serez plus humilié que vous ne l'avez jamais été. Ce fut une grande imprudence que de venir ici, car d'en sortir il n'est pas question.

— Aussi n'en ai-je pas l'intention, dit-il, beau frère ; mais dis-moi donc, par l'âme de ton père, les demoiselles que j'ai vues dans ce château, et qui tissent des draps de soie et d'orfroi[1] et font des ouvrages qui me ravissent, d'où viennent-elles ? Car je ne suis pas ravi, loin de là, de les voir de corps et de visage maigres, pâles, misérables ; elles seraient fort belles et fort gracieuses, il me semble, si elles ne manquaient pas du nécessaire.

1. **Orfroi** : bordure appliquée sur des tissus unis.

— Quant à moi, répond l'autre, je ne vous le dirai pas ; cherchez ailleurs quelqu'un qui vous renseigne.

— Soit, puisque je ne puis faire autrement. »

Il finit par trouver la porte du préau où les demoiselles travaillaient ; il s'approcha d'elles et les salua toutes ensemble ; et il vit tomber les larmes qui leur coulaient des yeux tandis qu'elles pleuraient. Il leur dit :

« Dieu, s'il lui plaît, vous ôte du cœur ce chagrin dont j'ignore la cause, et le transforme en joie ! »

L'une d'elles répond :

« Dieu vous entende, vous qui l'avez invoqué ! Vous saurez qui nous sommes et de quelle terre nous venons ; peut-être voulez-vous le demander.

— C'est pour cela que je suis venu ici.

— Sire, il advint, il y a bien longtemps, que le roi de l'Île-aux-Pucelles[1] entreprit d'aller de cour en cour, de pays en pays apprendre du nouveau. Il alla tant, comme un insensé, qu'il se jeta dans ce péril. Il y vint mal à propos, car nous, les captives qui sommes ici, nous en supportons la honte et les maux, sans l'avoir jamais mérité. Et sachez que vous-même, vous pouvez vous attendre aux pires avanies si l'on n'accepte pas la rançon que vous offririez. Toujours est-il qu'il advint que mon seigneur vint dans ce château, où habitent deux fils de démon ; n'allez pas croire que ce soit un mensonge : ils sont nés d'une femme et d'un « netun »[2]. Ces deux monstres durent combattre avec le roi : épreuve terrible ! Il n'avait pas dix-huit ans ; ils pouvaient l'égorger comme un tendre agnelet ; et le roi, qui eut grand-peur, se tira de l'aventure au mieux qu'il put : il jura d'envoyer ici chaque année, jusqu'à sa mort, trente de ses jeunes filles. Cette rente le libéra, et il fut convenu par serment que ce

1. **Pucelles :** jeunes filles, sans connotation de virginité.
2. **Netun :** diable, démon (mot dérivé du nom Neptune, dieu de la Mer, considéré comme un démon par les chrétiens).

Yvain et la pucelle arrivent au château de Pesme-Aventure.
Accueil de la population.
Combat d'Yvain et des fils du netun.
Après leur combat, Yvain et Gauvain devant Arthur.
Manuscrit français du XIIIe siècle.
Paris, Bibliothèque nationale.

tribut[1] durerait autant que les deux démons, et que le jour seulement où ils seraient dominés et vaincus en bataille, le roi serait quitte de cette redevance, et nous-mêmes délivrées ; en attendant, nous sommes abandonnées à la honte, à la douleur, à la misère ; nous sommes privées de tout plaisir. Mais c'est très naïf de parler de notre délivrance, car jamais nous ne sortirons d'ici ; toujours nous tisserons des étoffes de soie[2], et n'en serons pas mieux vêtues ; toujours nous serons pauvres et nues, et nous aurons toujours faim et soif ; et nous ne trouverons jamais le moyen de mieux nous nourrir. Notre ration de pain est fort maigre ; le matin, nous en mangeons peu, le soir, moins encore, car en échange de l'œuvre de nos mains, chacune de nous n'aura, pour vivre, que quatre deniers de la livre[3] ; cela ne suffit pas pour avoir à suffisance nourriture et vêtements, car qui gagne vingt sous par semaine ne vit pas à son aise. Et sachez bien, c'est la vérité, qu'il n'est aucune d'entre nous qui ne gagne cinq sous ou plus. De quoi faire la fortune d'un duc ! Nous sommes ici dans la misère, tandis que celui pour qui nous nous épuisons s'enrichit grâce à notre bien. Nous veillons une grande partie de la nuit, et travaillons tout le jour pour gagner notre pain, car il nous menace de nous maltraiter quand nous soufflons. Aussi n'osons-nous souffler. Mais à quoi bon continuer ? Nous sommes si humiliées, si malheureuses, que je ne saurais vous raconter le quart de nos peines. Et ce qui nous rend folles de désespoir, c'est que nous voyons souvent mourir des chevaliers jeunes et vaillants qui viennent se mesurer avec les deux démons ; ils paient cher leur gîte, ainsi que vous ferez demain,

1. **Tribut :** c'est ce qu'un peuple vaincu est obligé de fournir à un autre en signe de soumission.
2. **Toujours nous tisserons des étoffes de soie :** l'auteur s'inspire peut-être ici de la condition des ouvrières de Champagne, au nord de la France, travaillant pour des salaires misérables dans l'industrie de la soie.
3. **Quatre deniers de la livre :** pour une production d'une livre, c'est-à-dire vingt sous, elles gagnent quatre deniers ; un sou valant douze deniers, elles gagnent seulement le soixantième de ce que leur travail rapporte à leur seigneur.

car il vous faudra, de gré ou de force, combattre tout seul, en personne, contre ces deux diables immondes ; et votre nom sera rayé de la liste des vivants.

— Dieu le vrai Roi des cieux, répond messire Yvain, m'en protège, et vous rende honneur et joie, s'il Lui en vient le désir ! Maintenant, je dois partir, afin de voir quelle mine me feront les habitants de ce château.

— Allez, sire, et que vous garde Celui qui donne et dispense tous les biens. » (Vers 5101-5340.)

Yvain parvient alors à un verger où il assiste à une scène charmante : le seigneur du château et sa femme écoutent leur fille qui leur lit un roman. Quand ils aperçoivent le chevalier et son lion, ils les accueillent joyeusement. On lui donne tout ce qu'il désire. Le lendemain, alors qu'il s'apprête à partir, le seigneur apprend à Yvain qu'il doit auparavant se soumettre à la coutume diabolique de ce château : affronter deux de ses serviteurs, très grands et très forts. S'il remporte le combat, il héritera de son fief et épousera sa fille. Yvain lui explique qu'il ne veut ni de sa fille ni de son fief, mais le seigneur l'oblige à combattre malgré tout : c'est la coutume ! Le seigneur prend soin d'enfermer le lion d'Yvain. Surgissent alors les deux fils de diable, hideux et cruels, armés de grosses masses. Yvain se défend de toutes ses forces. Enfermé dans la chambre, le lion enrage de ne pouvoir aider son maître dans ce combat si déloyal. À force de gratter, il parvient à s'échapper et se jette sur les scélérats. Ils sont immédiatement déchiquetés. Tous entourent alors Yvain et l'acclament. Le seigneur accepte de délivrer les captives ; il lui offre aussi sa fille et son fief, qu'Yvain refuse. Vexé, le seigneur le laisse partir.

Le château de Pesme-Aventure

REPÈRES

• Quel est le nom du château où Yvain et la demoiselle font étape ? Que semble annoncer un tel nom ?

OBSERVATION

• L'arrivée au château (l. 1-96). Quel accueil est réservé à Yvain ? Pourquoi ?
– À quelle coutume ces gens sont-ils soumis ? Quelle autre coutume avez-vous déjà rencontrée dans le roman ? Sont-elles négatives ou positives ?
– À votre avis, Yvain se rend-il au château dans le seul but de trouver un gîte pour la nuit ?
– Relevez le champ lexical de la pauvreté dans la description des pucelles. Quel mot du texte s'oppose à ce champ lexical ?
• Le récit des pucelles (97-144). Pourquoi le roi de l'Île-aux-Pucelles s'est-il rendu dans ce château ? Qu'est-ce qui peut excuser son erreur ?
– Quel marché propose-t-il aux fils de démon ? Cherchez quelle est la légende du Minotaure et comparez-la avec cet épisode.
– Trouvez tous les indices du caractère diabolique et néfaste des deux fils de démon. Quel autre personnage bien connu de la légende arthurienne est aussi né de l'union d'un diable et d'une mortelle ? Est-ce également un personnage malfaisant ?
• Quel est le comportement du seigneur du château par rapport aux pucelles et par rapport à Yvain ? En quoi son attitude est-elle contradictoire ?
• Comparez la fin de cet épisode avec la fin de l'épisode d'Yvain chez la dame de Norison (p. 83). Qu'apprenons-nous sur les relations d'Yvain avec les femmes ?

INTERPRÉTATIONS

• Les pucelles : on a dit que Chrétien s'était inspiré des conditions de vie réelles des ouvrières du textile au XIIe siècle. Cette scène ne pourrait-elle pas se passer à une époque plus récente ? Quel parti prend le narrateur dans sa description ? Quel serait alors le but d'un tel épisode ? S'agit-il seulement de montrer la vaillance d'Yvain ?

YVAIN CONTRE GAUVAIN

Yvain poursuit donc sa route, et il parvient au château où repose la jeune fille malade. Celle-ci se réjouit beaucoup de son arrivée, et ils partent dès le lendemain pour la cour.

Ils cheminèrent tant qu'ils aperçurent un château, où le roi Arthur demeurait depuis au moins quinze jours. La demoiselle qui voulait déshériter sa sœur s'y trouvait, car elle n'avait pas cessé de suivre la cour ; elle attendait la venue de sa sœur, qui arrivait en vue du château. Elle n'en était nullement inquiète, car elle jugeait impossible que l'on trouvât un chevalier capable de se mesurer à messire Gauvain en combat singulier[1]. Il ne restait plus qu'un jour pour que le délai de quinze jours fût atteint, et la contestation prendrait fin, sans aucun doute, par sa mise hors de cause, conformément à la raison et au droit, lorsque ce dernier jour serait passé. Mais elle n'est pas encore tirée d'affaire – il s'en faut de beaucoup –, quoiqu'elle le croie et se l'imagine. Les voyageurs passèrent la nuit hors du château dans une petite maison basse où nul ne les reconnut, conformément à leur désir. À l'aube, ils quittent leur gîte à la hâte, et se cachent et se tapissent jusqu'à ce qu'il fasse grand jour. Il y avait plusieurs jours – je ne sais combien – que messire Gauvain vivait loin de la cour, et personne n'y savait ce qu'il était devenu, à l'exception de la demoiselle dont il voulait être le champion. Il s'en était écarté de trois ou quatre lieues, et il y arriva en tel équipage que ceux qui le connaissaient depuis toujours ne purent le reconnaître aux armes qu'il apportait. La demoiselle qui est dans son tort l'a publiquement, devant tout le monde, présenté à la cour, et elle dit au roi : « Sire, le temps passe ;

1. **Combat singulier :** combat de deux chevaliers, seul à seul. Chaque chevalier défend une cause différente et le vainqueur obtient gain de cause.

Le chevalier est toujours prêt à répondre à l'appel de l'aventure : défense de son suzerain ou de son lignage, pèlerinage héroïque de la croisade, quête mystique ou prouesse courtoise.
Miniature illustrant un manuscrit français du XIIIe *siècle. Paris, Bibliothèque de l'Arsenal.*

il sera bientôt none basse[1], et le dernier jour du délai sera expiré. Chacun peut bien voir que je suis en état de défendre ma cause, et il faut maintenant que l'on me reconnaisse mes droits ; si ma sœur avait dû revenir, elle n'eût point tant tardé. Je puis bien remercier Dieu, puisqu'elle ne reparaît pas. Il est trop clair qu'elle n'a pu mieux réussir, et que j'ai perdu ma peine ; pour moi, je me suis tenue prête en permanence, et jusqu'au dernier jour, à défendre un bien qui m'appartient. J'ai gagné sans qu'il y eût bataille ; il est donc légitime que je m'en retourne profiter de mon héritage en paix : tant que je vivrai, je n'aurai pas à en rendre raison à ma sœur, et elle vivra dans la douleur et la misère. » Le roi savait fort bien que la demoiselle avait tort, et qu'elle n'était pas de bonne foi ; il lui répondit : « Amie, en cour royale, on doit attendre, par ma foi, jusqu'à ce que la justice du roi ait délibéré et pu rendre son arrêt. Il n'y a pas de raison de plier bagage : votre sœur, je crois, a encore le temps d'arriver avant que le délai ne soit expiré. » Le roi n'avait pas achevé qu'il vit à côté de lui le Chevalier au Lion et sa protégée. Ils étaient venus seuls tous les deux, ayant faussé compagnie au lion, qui était resté là où ils avaient passé la nuit. Le roi a vu la jeune fille, et il l'a bien reconnue. Il est charmé et ravi de la voir, car il a pris son parti, étant soucieux de justice. Il est si joyeux qu'il dit, aussitôt qu'il le peut : « Approchez, belle ; que Dieu vous sauve ! » L'aînée l'entend ; elle tressaille, se retourne et voit sa sœur, ainsi que le chevalier qu'elle avait amené pour faire triompher son droit. Elle en devient plus noire que la terre. La cadette est très bien accueillie par tous ; elle s'avance devant le roi, là où elle le voit siéger. Arrivée devant lui, elle dit :

« Dieu protège le roi et tous les gens de sa maison ! Roi, si ma cause et mon bon droit peuvent être défendus par un chevalier, ce sera par celui-ci ; il m'a fait la grâce de me suivre

1. **None basse :** l'heure de none correspondant à trois heures de l'après-midi, il s'agit ici de la fin de l'après-midi.

jusqu'ici, et pourtant, le noble chevalier de grand cœur, il avait fort à faire ailleurs ! Mais il s'est pris pour moi d'une telle pitié qu'il a tout abandonné pour moi. Maintenant, mon aînée, ma très chère sœur, que j'aime comme moi-même, se montrerait courtoise et bonne si elle me rendait mon dû ; en le faisant, elle ferait fort bien, car je ne réclame rien de sa part.

— Et moi rien de la tienne, assurément, répond l'autre, car tu n'as et n'auras jamais rien : prêche tant que tu voudras, ton prêche[1] ne te rapportera rien, dusses-tu te consumer de chagrin. »

Et la cadette réplique aussitôt, qui est fort accommodante, fort sage et fort courtoise :

« Certes, je suis fâchée de voir que deux hommes aussi vaillants que ceux-ci devront s'affronter pour nous ; nous nous opposons à propos d'un rien, mais je ne puis tenir l'incident pour clos : ce serait pour moi une trop grande perte. Aussi, je vous serais très reconnaissante de m'abandonner ce qui me revient.

— Qui te répondrait serait bien sotte, assurément. Je veux bien être brûlée du feu et de la flamme de l'enfer si je te donne de quoi mieux vivre ! Les rives du Danube et de la Saône se rejoindront plutôt ! À moins que la bataille ne t'accorde ce que tu veux.

— Que Dieu et mon droit, en qui j'ai et j'eus toujours foi, aident et protègent celui qui, par amour et par loyauté, s'offrit à mon service, car il ne sait qui je suis, et ne me connaît pas plus que je ne le connais ! » (Vers 5836-5984.)

1. **Ton prêche** : ton sermon, tes remontrances.

Les sœurs devant Arthur

REPÈRES

• Comparez la première phrase de cet épisode avec celle de l'épisode précédent. Que constatez-vous ?
• La cour d'Arthur se tient-elle au même endroit qu'au début du roman ? Qu'en déduisez-vous quant à la résidence du roi ?

OBSERVATION

• Quelle phrase du narrateur anticipe sur le dénouement ? Qu'apprend ainsi le lecteur ?
• Pourquoi Yvain et la demoiselle se cachent-ils et arrivent-ils au dernier moment à la cour ? Quel est l'effet ainsi produit ?
• D'après vous, pourquoi Gauvain se rend-il méconnaissable ? En quoi ce détail importe-t-il pour la suite de l'histoire ?
• Dans les propos de la sœur, p. 122-123, relevez les marques de sa cruauté.
• Pourquoi Yvain a-t-il faussé compagnie au lion ? Expliquez pourquoi ce détail est essentiel pour la suite de l'histoire.
• Relevez les indices du texte qui montrent que le roi est du côté de la cadette. Que fait le roi en sa faveur ? Pourquoi n'intervient-il pas davantage ?
• Comparez les discours des deux sœurs. À partir de là, définissez le caractère de chacune d'elles en vous appuyant sur des citations du texte.
• En quoi la défense d'Yvain est-elle particulièrement généreuse ?

INTERPRÉTATIONS

• À partir de cet épisode, montrez les défauts de la justice au Moyen Âge. Comment un semblable conflit serait-il traité aujourd'hui ? Quel système vous paraît le plus juste ?

DE LA LECTURE À L'ÉCRITURE : faites un récit dont les personnages principaux seront deux sœurs ennemies.

AMOUR ET HAINE

Les deux champions se préparent alors à s'affronter tandis que le peuple accourt, afin d'assister au combat. Les deux chevaliers, qui s'aiment tant, ne se sont pas reconnus. Ils vont se battre, et pourtant, chacun serait prêt à donner sa vie pour l'autre.

N'est-ce point là le signe d'un amour total, parfait ? Oui, certes. Et la Haine ne se manifeste-t-elle pas avec évidence ? Oui, car il n'est pas douteux que l'un voudrait couper la tête à l'autre, ou lui faire subir un traitement si humiliant qu'il n'en vaudrait pas mieux. Par ma foi, c'est un vrai prodige qu'Amour et mortelle Haine soient trouvés réunis. Dieu ! Comment se peut-il qu'un même logis soit le commun séjour de deux sentiments si contraires ? À mon avis, ils ne peuvent cohabiter dans le même logis, car ils ne pourraient pas habiter ensemble un seul soir sans qu'éclatent entre eux querelle et dispute, dès que l'un se serait rendu compte de la présence de l'autre. Mais, dans une même maison, il y a plusieurs demeures, et on la sépare en loges et en chambres ; ainsi la cohabitation est-elle possible. Sans doute, dans ce cas-là, Amour s'était-il retiré dans quelque chambre secrète, tandis que Haine se tenait dans les galeries donnant sur la rue, parce qu'elle veut toujours qu'on la voie. Mais voici que Haine se prépare ; elle talonne, elle aiguillonne, elle éperonne Amour tant qu'elle peut, et Amour reste silencieux. Ha ! Amour ! où es-tu donc caché ? Sors donc, et tu verras quels hôtes se sont sur toi jetés et te poursuivent ; voilà l'œuvre des ennemis ! Les ennemis, ce sont ceux-là mêmes qui s'aiment du plus saint amour qui soit : car amour qui n'est ni faux ni mensonger est chose précieuse et sainte. Mais ici, Amour est aveugle, et Haine ne voit goutte ; car Amour aurait dû les empêcher, s'il les eût reconnus, de s'affronter, et de se faire du mal. Amour est aveuglé, écrasé, trompé : ceux qui sont à lui de droit, il ne les reconnaît pas, alors même qu'ils sont sous ses yeux. Et

Haine, qui ne saurait dire pourquoi ils se haïssent, veut les faire se battre sans raison et chacun d'eux hait l'autre à mort : un homme qui veut déshonorer l'autre et le tuer ne l'aime pas, je vous le dis. Comment ! Est-il possible qu'Yvain veuille tuer messire Gauvain, son ami ? Oui, et Gauvain veut lui infliger le même sort. Messire Gauvain voudrait donc tuer Yvain de ses propres mains, ou faire pire encore ? Non certes, je vous l'affirme et vous le jure. Jamais l'un ne voudrait avoir causé à l'autre aucun dommage ou aucun mal, pour tous les bienfaits que Dieu a faits à l'homme, ni pour tout l'empire de Rome. Mais non, et j'ai menti indignement, car il est visible et clair que chacun veut assaillir l'autre, lance en avant ; chacun veut frapper l'autre, l'humilier, le réduire au désespoir, et il n'épargnera pas sa peine. Dites un peu : de qui se plaindra celui qui aura reçu le plus de coups, une fois que l'un aura dominé l'autre ? Car s'ils en viennent à s'affronter, j'ai bien peur qu'ils ne fassent durer la bataille, le corps à corps, jusqu'à ce qu'un des deux combattants soit vaincu. Yvain pourra-t-il raisonnablement soutenir, si c'est lui qui a le dessous, qu'il a reçu outrage et honte de celui qu'il compte parmi ses amis, à qui il ne donna jamais d'autre nom que ceux d'ami, de compagnon ? Et si le sort veut qu'il lui ait fait du mal, ou qu'il le surpasse en quelque manière, aura-t-il le droit de gémir ? Nullement, car il n'en saura pas la cause. (Vers 6007-6099.)

REPOS ET RECONNAISSANCE DES GUERRIERS

Les deux chevaliers combattent avec une grande vigueur. Ils frappent de toutes leurs forces et brisent leur lance, fendent leur écu, démaillent les hauberts, et cabossent les heaumes. Tous deux sont surpris de trouver un adversaire si redoutable. Du côté du roi, on essaie de convaincre l'aînée de renoncer à sa plainte et de rendre à la cadette la terre qui lui appartient. Mais elle refuse de faire la moindre concession, et tous prennent le parti de la cadette qui, elle, s'en remet à la décision du roi. La bataille dure si longtemps que le jour baisse et que les deux combattants décident de faire une pause.

Il se reposent donc, et chacun pense, à part lui, qu'il a enfin trouvé son égal, après l'avoir tant attendu. Ils se reposent longtemps, et ils n'ont pas hâte de reprendre le combat. Ils ne veulent plus se battre : la nuit tombe, obscure, et chacun redoute fort son adversaire ; double raison qui les incite et les engage à demeurer en paix. Mais avant de quitter le champ de bataille, ils se seront rencontrés, et ils partageront joie et pitié. Messire Yvain parla le premier, en homme preux et courtois ; mais son grand ami ne le reconnut pas à sa voix, dont le son était faible, enroué, brisé, car il avait perdu tout son sang dans la mêlée ; il avait reçu trop de coups. « Sire, dit-il, voici la nuit ; je ne crois pas que nous encourions aucun blâme ni aucun reproche, si nous cessons le combat. Pour moi, je puis dire que je vous redoute et vous estime fort, que jamais encore je n'avais engagé combat qui me fît tant souffrir, ni rencontré chevalier que je désirasse autant voir et connaître. J'ai pour vous la plus haute estime, et j'ai pensé me voir vaincu. Vous savez donner vos coups avec précision et à-propos ; jamais chevalier de ma connaissance ne sut si bien frapper, et j'aurais bien voulu avoir moins reçu que vous ne m'avez donné, car j'en suis tout étourdi.

— Par ma foi, dit messire Gauvain, vous avez beau être assommé et épuisé, je le suis autant et plus que vous ; mais, si nous faisions connaissance, je suis sûr que je me sentirais tout dispos ; vous m'avez rendu le compte exact de ce que je vous ai donné, avec les intérêts, et vous vous êtes montré plus généreux que je ne le voulais. Bref, quoi qu'il doive en advenir, puisque vous désirez savoir mon nom, je ne vous le cacherai pas plus longtemps : je suis Gauvain, le fils du roi Lot. » À ces mots, Yvain se trouble ; il est tout éperdu de chagrin et de désespoir ; il jette à terre son épée sanglante et les morceaux de son écu, il descend de cheval et s'écrie :

« Hélas ! Quel malheur ! Une affreuse méprise nous a laissés nous affronter sans nous être reconnus ; car, si je vous avais reconnu, jamais je n'aurais combattu contre vous, et je me serais déclaré vaincu avant la rencontre, je vous le jure.

— Comment, dit messire Gauvain, qui êtes-vous donc ?

— Je suis Yvain, qui vous aime plus que personne au monde, car vous m'avez toujours aimé, et honoré dans toutes les cours. Mais je veux réparer mes torts et vous honorer après ce combat : je me déclare battu à plate couture.

— Vous feriez cela pour moi ! fait messire Gauvain le doux. Je serais bien impudent d'accepter cette offre, et l'honneur de la victoire ne m'appartiendra pas : il est à vous, je vous l'abandonne.

— Beau sire, n'en dites pas plus, car je ne l'accepterais pas : je ne puis me tenir debout, tant je suis épuisé et mal en point.

— Vous perdez votre peine, dit son inséparable ami. C'est moi qui suis vaincu et mal en point, et ce n'est pas flatterie de ma part, car il n'y a au monde aucun étranger à qui je n'en eusse dit autant, plutôt que de poursuivre la bataille. »

Tout en parlant, ils sont descendus de cheval ; ils se jettent dans les bras l'un de l'autre et s'embrassent, sans cesser pour autant de se proclamer l'un et l'autre dominés et vaincus. (Vers 6207-6307.)

Intrigués par ces démonstrations d'amitié, le roi et ses barons accourent. Gauvain explique leur méprise et se déclare vaincu par Yvain. Mais celui-ci proteste : c'est lui qui est vaincu par Gauvain ! Amusé, le roi leur propose d'arranger l'affaire à sa manière : qu'ils s'en remettent à lui. Les deux chevaliers jurent alors de se plier à la décision du roi.

ARTHUR RÈGLE LE CONFLIT ENTRE LES DEUX SŒURS

« Où est, fait-il, la demoiselle qui a privé sa sœur de sa terre, et l'a déshéritée par la force et sans pitié ?

— Sire, dit-elle, me voici.

— Vous êtes là ? Approchez ! Il y a longtemps que je sais que vous cherchez à la déshériter. Son droit ne sera plus contesté, car vous venez de me découvrir la vérité. Il vous faut, obligatoirement, déclarer que vous lui rendez sa part.

— Ah ! sire roi, j'ai parlé en étourdie, en écervelée, et vous voulez me prendre au mot. Au nom de Dieu, sire, ne me lésez pas ! Vous êtes roi, et devez ne commettre ni faute ni injustice.

— Mais c'est parce que je me soucie de faire respecter la justice que je veux rendre à votre sœur ce qui lui revient ! Vous avez bien entendu que votre champion et le sien s'en sont remis à moi ; je ne dirai rien pour vous avantager, car votre tort est évident. Chacun se prétend conquis par l'autre, tant chacun est désireux d'honorer l'autre ; je n'ai pas à m'attarder à cette querelle, puisque l'on s'en remet à moi : ou vous vous conformerez à ma décision, et ferez tout ce que je dirai, sans chercher à nuire à personne, ou je proclamerai mon neveu vaincu. Cela sera pire pour vous ; et c'est bien à contrecœur que je le dis. »

Il n'avait nullement l'intention de le faire, mais il le dit pour voir s'il ne pourrait pas l'effrayer et la contraindre ainsi à rendre à sa sœur sa part d'héritage, par la peur : il s'est fort bien rendu compte qu'on ne pourrait rien lui faire rendre par la persuasion, mais qu'on pouvait y réussir par la force et l'intimidation. La demoiselle redoute et craint le roi ; aussi lui dit-elle :

« Beau sire, il faut donc que je me soumette à votre volonté, et j'en ai le cœur chagriné ; mais j'obéirai quoi qu'il m'en coûte. Ma sœur prendra de mon héritage la part qu'il lui plaira ; vous serez ma caution, afin qu'elle en soit plus sûre.

— Mettez-la donc sans attendre en possession de sa part, dit le roi, et qu'elle devienne votre vassale[1] et la tienne de vous ; aimez-la comme si elle était votre vassale, et qu'elle vous aime comme sa dame et sa sœur germaine. »

C'est ainsi que le roi règle l'affaire, si bien que la cadette entre en possession de sa terre ; elle l'en remercie. Et le roi dit à son neveu, au chevalier vaillant et preux, de se laisser dévêtir de son armure, et à Yvain de se laisser, s'il veut bien, retirer la sienne : ils peuvent bien y consentir, maintenant ! (Vers 6378-6446.)

C'est alors que le lion arrive, tout heureux d'avoir retrouvé son maître ! Effrayés, les gens reculent, mais Yvain leur explique que le lion est son ami. Ils comprennent ainsi qu'Yvain n'est autre que le Chevalier au Lion. C'est donc lui qui a combattu Harpin le géant ! On conduit ensuite les deux combattants dans une infirmerie où un chirurgien expert les soigne.

1. **Votre vassale** : au Moyen Âge, l'aîné reçoit l'hommage des cadets.

EXAMEN MÉTHODIQUE

Le combat d'Yvain et Gauvain

REPÈRES

• Pourquoi les deux chevaliers combattent-ils alors qu'ils sont amis ? Pourquoi le combat est-il finalement interrompu ? Qui le remporte ?
• Pourquoi le lion n'arrive-t-il qu'à la fin du combat ?

OBSERVATION

• Amour et Haine. Pourquoi le narrateur dit-il qu'Amour et Haine sont réunis dans les chevaliers ? Justifiez l'emploi des majuscules. Où a-t-on déjà rencontré ce procédé ?
– Expliquez la métaphore du « logis » dans le passage.
– Montrez qu'Amour et Haine sont personnifiés, en relevant, par exemple, les verbes d'action rapportés à ces deux sentiments.
• Repos et reconnaissance des guerriers. Par quelle phrase le narrateur annonce-t-il le dénouement du combat ?
– Pourquoi Yvain se déclare-t-il vaincu ? De quelle qualité fait-il preuve ici ?
• Arthur règle le conflit. Que veut dire le roi par « vous venez de me découvrir la vérité. » Quelle étourderie a commise la sœur aînée ?
– Quel rôle a le roi à la fin du combat ? Ce rôle vous paraît-il important ?
– Que révèle l'arrivée du lion au dernier moment ?

INTERPRÉTATIONS

• Ce combat est le dernier d'une longue série. Faites la liste des combats endurés par Yvain et montrez qu'ils obéissent à une gradation. Pourquoi le dernier est-il le pire ? Quelle supériorité morale Yvain a-t-il sur Gauvain ?

LE RETOUR D'YVAIN À LA FONTAINE

Yvain est désormais guéri, mais il réalise qu'il ne pourra plus continuer de vivre si sa dame ne lui accorde pas son pardon. Il décide donc de retourner à la fontaine et d'y déchaîner la tempête. Tant que Laudine ne lui rendra pas son amour, il s'en prendra à sa fontaine.

Aussitôt que messire Yvain se sentit guéri et valide, il quitta la cour sans se faire voir ; mais son lion l'accompagna : il ne voulait pas abandonner son maître de toute sa vie. Ils firent tant de chemin qu'ils arrivèrent en vue de la fontaine ; et ils y firent pleuvoir. Ne croyez pas que j'exagère : la tempête fut si terrible que l'on ne saurait en conter le dixième ; il semblait que la forêt tout entière dût s'engloutir dans un abîme ! La dame craint que son château ne s'y engloutisse aussi ; les murs croulent, le donjon s'ébranle, menace de s'effondrer. L'homme le plus brave préférerait être prisonnier en Perse, entre les mains des Turcs[1], plutôt que de se trouver dans les murs du château. Si grande est la peur des habitants qu'ils maudissent leurs ancêtres.

« Maudit soit celui qui, le premier, s'installa dans ce pays, et maudits ceux qui construisirent ce château ! Ils n'auraient pu, dans tout le monde, trouver un endroit plus détestable, puisqu'un seul homme peut s'en rendre maître, nous tourmenter, nous persécuter. »

« Il faut, dame, prendre une décision, dit Lunette ; vous ne trouverez personne, dans les environs, qui se charge de vous défendre en ce péril. Jamais nous ne serons tranquilles dans ce château, et nous n'oserons sortir de l'enceinte et franchir la porte. Inutile de rassembler vos chevaliers en la circonstance : le meilleur d'entre eux n'oserait sortir, vous le savez bien. Mais s'il arrivait que vous n'ayez personne qui défende votre fontaine, vous sembleriez ridicule et indigne.

1. **Les Turcs :** au Moyen Âge, ils passaient pour très cruels envers les chrétiens.

Quel triomphe pour vous, si celui qui vous a ainsi attaquée s'en retourne sans avoir livré bataille ! Vous voilà en fâcheuse posture, si vous n'avisez autrement de vos intérêts !

— Toi qui as tant d'expérience, dit la dame, dis-moi quel parti prendre, et j'agirai selon ton avis.

— Dame, si j'en avais la moindre idée, je vous conseillerais sans me faire prier ; mais vous auriez grand besoin d'un conseiller plus avisé. Aussi, je me garde bien de me mêler de tout cela, et, comme les autres, je souffrirai et la pluie et le vent, jusqu'au jour où je verrai dans votre cour un homme de valeur qui se chargera de combattre pour défendre la fontaine. Mais j'ai bien peur que ce ne soit pas aujourd'hui. Tant pis pour vos intérêts ! »

La dame lui répond aussitôt :

« Demoiselle, parlez d'autre chose, je vous prie. Il n'est personne dans ma maison dont j'attende la défense de la fontaine et du perron. Mais, s'il plaît à Dieu, nous verrons en la circonstance si vous êtes sage et de bon conseil : car c'est dans le malheur, dit-on, que l'on doit éprouver son ami.

— Dame, si l'on pensait trouver celui qui tua le géant et se rendit maître des trois chevaliers, il serait bon d'aller le chercher ; mais, tant qu'il n'aura pas fait la paix avec sa dame, et qu'elle sera en colère contre lui, il n'y a personne au monde, homme ni femme, qu'il soit disposé à suivre, j'en ai peur, à moins qu'on ne lui jure et garantisse qu'on mettra tout en œuvre pour faire cesser la colère dont la dame le poursuit, qui est si grande qu'il en meurt de douleur et de chagrin. »

La dame répond :

« Je suis prête, avant que vous ne commenciez la recherche, à vous engager ma foi ; et je jurerai, s'il vient jusqu'à moi, d'obtenir, sans feinte ni tromperie, la paix à laquelle il tient, si du moins je puis y réussir. »

Et Lunette réplique :

« Dame, je suis bien tranquille : vous pourrez conclure

cette paix, si cela vous convient ; mais, sans vous fâcher, je prendrai le serment malgré tout avant que de partir.

— Cela ne me gêne nullement », fait la dame. (Vers 6517-6619.)

LA RÉCONCILIATION

Lunette va aussitôt chercher un reliquaire[1] *sur lequel la dame prononce son serment. Elle jure d'aider le Chevalier au Lion à obtenir le pardon de sa dame. Toute réjouie, Lunette monte son palefroi et part à la recherche d'Yvain. Elle est bien surprise de le trouver à la fontaine. Elle lui explique la situation : voilà Yvain très heureux !*

Ils s'en vont, tout en bavardant, et le lion les suit toujours. Ils arrivent au château tous les trois. Dans les rues, ils ne disent pas un mot aux passants, hommes et femmes, jusqu'à ce qu'ils se présentent devant la dame. La dame se réjouit fort d'apprendre que sa demoiselle vient, et qu'elle amène le lion et le chevalier : elle a très envie de le rencontrer, de le connaître, de le voir. Yvain tombe tout armé à ses pieds ; Lunette, qui est à ses côtés, dit à Laudine :

« Dame, relevez-le donc, et mettez tous vos soins, toute votre peine, toute votre habileté à lui obtenir la paix et le pardon de la dame, car personne au monde, sauf vous, ne peut les lui procurer. »

La dame fait relever le chevalier et dit :

« Je suis toute à sa disposition, et je voudrais vraiment accomplir sa volonté et son désir, pourvu que je le puisse.

— Certes, dame, et je ne le dirais pas si ce n'était pas vrai, vous en avez le pouvoir, et plus encore que je ne vous ai dit. Maintenant, je vais vous révéler la vérité, et vous allez l'apprendre : jamais vous n'eûtes, jamais vous n'aurez si bon

1. **Reliquaire** : coffret dans lequel on conserve des reliques, c'est-à-dire une partie du corps d'un saint.

ami que celui-ci. Dieu, qui veut que règnent entre vous une paix parfaite, un parfait amour, un bonheur sans nuage toute votre vie, me l'a fait rencontrer aujourd'hui même, et tout près d'ici. Pour prouver la vérité de ce que j'avance, il ne convient pas de donner d'autre raison ; dame, oubliez votre colère : ce chevalier, c'est messire Yvain, votre époux. »

À ce mot, la dame tressaille et dit :

« Dieu me sauve, tu m'as bien attrapée ! C'est donc celui qui ne m'aime ni ne m'estime que tu prétends me faire aimer malgré moi ! Tu as bien agi, vraiment, et tu m'as rendu un beau service ! J'aimerais mieux endurer toute ma vie vents et orages ! Si se parjurer n'était une chose trop indigne et misérable, jamais, à aucun prix, il n'obtiendrait de moi paix ni réconciliation. Et toujours couverait en moi, comme le feu couve sous la cendre, ce dont je ne veux plus parler ni me souvenir, puisqu'il faut que je me réconcilie avec lui. »

Messire Yvain entend que son affaire est si bien engagée qu'il obtiendra paix et réconciliation ; il dit :

« Dame, à tout pécheur miséricorde. J'ai bien payé mon aveuglement et je consens à payer encore. C'est ma folie qui me fit demeurer loin de vous, et je m'avoue coupable et criminel ; ce fut une grande hardiesse que d'oser reparaître devant vous ; mais, si vous voulez bien me garder auprès de vous, jamais je ne serai coupable de rien à votre égard.

— J'y consens, assurément, et je veux bien me réconcilier avec vous : ce serait me parjurer que de ne pas mettre du mien pour y parvenir ; si vous le voulez bien, je vous accorde mon pardon.

— Dame, mille mercis ; et, j'en atteste le Saint-Esprit, jamais Dieu ne pouvait, ici-bas, m'accorder joie plus grande. »

Messire Yvain est donc réconcilié avec sa dame ; et, croyez-m'en, jamais grâce ne le rendit si heureux, après le désespoir où il avait été. Il est désormais au bout de ses peines, car il est aimé et chéri de sa dame, et elle est bien payée de retour. Il ne lui souvient plus de ses tourments ; il les oublie dans la

EXAMEN MÉTHODIQUE

Réconciliation des époux

REPÈRES

• Pourquoi Yvain retourne-t-il à la fontaine ? Par quel moyen espère-t-il faire changer d'avis Laudine ?
• C'est la troisième fois qu'Yvain se rend à la fontaine : d'après vous, quelle est la fonction de ce lieu dans le récit ?

OBSERVATION

• Comparez la courte description de la tempête avec celle de la page 45. Quel phénomène n'est pas raconté ? Pourquoi ?
• Pourquoi Lunette refuse-t-elle d'abord de conseiller sa dame ? Donnez deux raisons, par rapport au passé et par rapport à Yvain.
• Quelle est la ruse imaginée par Lunette ? Quelle précaution prend-elle néanmoins ?
• Montrez que le quiproquo de la page 104 se poursuit ici.
• Pourquoi le narrateur précise-t-il qu'Yvain tombe « tout armé » aux pieds de sa dame ?
• D'après vous, la dame se réconcilie-t-elle avec Yvain seulement parce qu'elle ne veut pas se parjurer ?
• Comment Yvain a-t-il « payé » son aveuglement ? Rappeler les différentes étapes de sa quête du pardon.
• Cette situation finale rappelle une étape antérieure du récit : laquelle ? Quelles différences peut-on trouver entre les deux épisodes ?

INTERPRÉTATIONS

• D'après Chrétien, qui a inventé l'histoire d'Yvain ? Peut-on croire ce qu'il nous dit ? Que pouvez-vous en déduire sur la définition de l'auteur au Moyen Âge ?
• Chrétien ne veut pas continuer son roman, sous peine de faire de la « pure fiction ». Rappelez quelques événements de « pure fiction » dans le roman. Pourquoi l'auteur prétend-il raconter la vérité ?

DE LA LECTURE À L'ÉCRITURE : Yvain et Laudine se retrouvent enfin seuls et Yvain lui raconte tout ce qui lui est arrivé. Imaginez ce qu'il lui dit et les réponses que Laudine lui fait.

La consécration du chevalier

Les deux dernières aventures d'Yvain – à Pesme-Aventure et à la cour d'Arthur – consacrent sa valeur chevaleresque. Pesme-Aventure, comme son nom l'indique, est le lieu de l'épreuve la plus terrible. En effet, on a vu dans ce château une image atténuée de l'« Autre Monde ». Pour les Celtes, le pays des morts, qui est aussi celui des fées et des dieux, n'est pas nettement séparé du monde des vivants. On peut franchir sa frontière sans s'en rendre compte. Plusieurs motifs sont attachés à l'entrée dans l'Autre Monde : les prédictions sinistres qui visent à décourager le héros ; l'hospitalité forcée du héros, qui ne peut plus sortir une fois la limite franchie ; le *geis,* sorte d'épreuve obligatoire imposée au héros ; la présence d'êtres merveilleux, fées ou démons. Tous ces motifs se retrouvent à Pesme-Aventure. Qu'Yvain fasse partie des « élus » autorisés à y entrer et qu'il en ressorte indemne sont la preuve de sa perfection.

Il revient ensuite à la cour d'Arthur, où il doit affronter cette fois Gauvain. Là encore, Yvain ne succombe pas. Par sa force, il est l'égal du « chevalier le meilleur au monde », mais sa supériorité morale sur Gauvain est indéniable : c'est lui qui défend la cause juste, celle de la cadette. Ce premier dénouement célèbre en Yvain un chevalier accompli, physiquement et moralement, ce qui l'autorise à reprendre son nom d'Yvain (p. 128).

La consécration de l'amant

Le retour à la fontaine est le second dénouement de l'histoire. En effet, Yvain doit encore obtenir le pardon de sa dame, sans quoi sa faute ne serait pas complètement rachetée. La ruse imaginée par Lunette n'est ici qu'un moyen de ménager l'orgueil de Laudine, qui dit se refuser au parjure. Mais en vérité, si elle accorde son pardon à Yvain, c'est parce qu'il n'est plus le même. Il s'est réhabilité par ses épreuves, comme il le dit lui-même : « J'ai bien payé mon aveuglement. »

Ce dénouement en deux temps illustre la réparation des deux fautes commises par Yvain, envers l'amour comme envers la chevalerie. Il peut désormais oublier ses tourments, « dans la joie que lui donne sa douce amie » (p. 136).

Combat de chevaliers,
miniature extraite du Roman de Lancelot du Lac.
Paris, Bibliothèque nationale.

Comment lire l'œuvre

ACTION ET PERSONNAGES

L'action

Résumé

Le prologue

Le jour de la Pentecôte, le roi Arthur réunit toute sa cour à Carduel, au pays de Galles. Après le repas, les chevaliers et les dames parlent d'amour. À cette époque-là, les amoureux étaient fidèles et courtois, ce qui n'est plus le cas aujourd'hui. C'est pourquoi il vaut mieux revenir à l'époque du roi Arthur si l'on veut entendre une belle histoire d'amour.

Le récit de Calogrenant

Calogrenant raconte aux chevaliers et à la reine l'une de ses mésaventures, qui a eu lieu sept ans auparavant. Il se trouvait alors dans la forêt de Brocéliande, seul, en quête d'aventures. Le soir, il fut hébergé chez un vavasseur généreux. Le lendemain, il rencontra un vilain qui lui indiqua une fontaine merveilleuse : si l'on y versait de l'eau, on déclenchait une tempête terrifiante. Il se rendit à la fontaine, provoqua la tempête et vit venir un chevalier furieux. Celui-ci l'attaqua et l'abattit. Calogrenant en fut tout honteux et c'est aujourd'hui seulement qu'il a le courage de raconter cette histoire.

La vengeance d'Yvain

Yvain veut venger la honte de Calogrenant son cousin, et, quand le roi Arthur annonce que toute la cour ira voir cette fontaine merveilleuse, il décide de le devancer pour affronter seul le chevalier. Suivant le même parcours que Calogrenant, il arrive à la fontaine et voit le chevalier fondre sur lui. Mais Yvain, lui, réussit à le vaincre. Blessé à mort, le chevalier s'enfuit vers son château. Lancé à ses trousses, Yvain parvient à entrer de justesse dans le palais, mais la porte qui se referme derrière lui le fait prisonnier. Là, il est sauvé par une demoiselle, Lunette, qui, en échange d'un service qu'Yvain lui avait rendu jadis, lui remet un anneau d'invisibilité. Grâce à cet objet magique, les gens du château ne peuvent attraper Yvain.

Yvain et Lunette arrivent au château.
Yvain à genoux devant Laudine.
Les deux époux *(la dernière partie de la miniature n'a pas été achevée).*
Manuscrit français du XIIIe *siècle.*
Paris, Bibliothèque nationale.

Yvain et Laudine

De la fenêtre de la chambre où il s'est réfugié, Yvain contemple la dame du château, la belle Laudine, qui enterre son mari tué par Yvain. Il en tombe fou amoureux. Grâce à l'habileté de Lunette, il parvient à l'épouser. Le voilà heureux, et les deux époux accueillent Arthur en grande pompe lorsque la cour arrive à la fontaine. Après une semaine de réjouissances, Gauvain supplie Yvain de le suivre dans les tournois, afin qu'il continue à se couvrir de gloire. Yvain obtient de Laudine de partir pendant un an ; mais s'il n'est pas revenu à la date dite, elle ne l'aimera jamais plus.

La folie d'Yvain

Enivré par les multiples prouesses qu'il accomplit dans les tournois, Yvain oublie le délai fixé par sa dame. Survient alors une demoiselle qui annonce à Yvain que Laudine ne veut plus jamais le voir, parce qu'il a manqué à sa promesse. Désespéré, Yvain s'enfuit dans les bois et perd la raison. Là, il vit comme un sauvage, avec pour seule compagnie un ermite. Un jour, une demoiselle passant par le bois trouve Yvain endormi et le reconnaît. Grâce à l'aide de sa maîtresse, la dame de Norison, elle guérit Yvain de sa folie. En guise de remerciement, celui-ci défend le château de la dame et capture le comte Alier, son assaillant.

La rencontre du lion

Tandis qu'Yvain chevauche tristement dans la forêt, il assiste au combat d'un serpent contre un lion. Il tue le serpent ; le lion, reconnaissant, devient son compagnon.

Le temps des épreuves

Yvain et le lion se retrouvent par hasard à la fontaine. Là, le désespoir d'Yvain éclate, et il ne renonce au suicide que lorsqu'il apprend que Lunette est accusée de trahison envers sa dame et que lui seul peut la défendre. Dans l'attente de ce combat, il fait étape dans un château menacé par un géant : Harpin de la montagne. Il accepte de le combattre et, grâce à l'aide du lion, il l'abat. Il se rend alors auprès de Lunette et doit affronter trois adversaires. Là encore, avec l'aide du lion, il sort vainqueur du combat. Il retrouve à cette occasion Laudine, à qui il ne révèle pas son identité : il se fait désormais appeler « le Chevalier au lion ». Il s'en va et fait étape au château de la Noire-Épine, dont le seigneur meurt pendant son séjour. Après sa mort, ses deux filles se disputent : l'aînée refuse de donner à la cadette sa part d'héritage. Furieuse, celle-ci part pour la cour d'Arthur, afin de trouver un champion qui fasse valoir ses droits. Mais l'aînée la devance et obtient que Gauvain la défende. Dépitée, la cadette part à la recherche du Chevalier au lion, dont la réputation de vaillance est arrivée à la cour. Quand elle le trouve, il accepte aussitôt de la défendre. En route pour la cour, ils font étape au château de Pesme-Aventure. Là sont enfermées trois cents jeunes filles qui tissent des toiles dans d'affreuses conditions. La coutume du château est la suivante : tout chevalier hébergé doit y combattre deux démons. Yvain affronte les diables et les tue, grâce à son lion. Les jeunes filles sont ainsi délivrées du château tandis qu'Yvain et la demoiselle reprennent le chemin de la cour. Le jour dit, Gauvain et Yvain, qui ne se sont pas reconnus, s'affrontent. Se voyant de force égale, ils décident d'arrêter le combat et de se nommer. Quand ils se reconnaissent, la joie fait place à la haine et chacun se dit vaincu par l'autre ! Le roi met fin au conflit en donnant raison à la cadette.

Le retour à la fontaine

Yvain, constatant qu'il ne peut vivre sans sa dame, décide de retourner à la fontaine. Il y déclenche la tempête. Affolée, Laudine cherche un preux pour la défendre. Lunette, malicieusement, lui suggère de faire appel au Chevalier au Lion, si réputé pour sa bravoure. Mais avant, il faut que Laudine fasse le serment d'aider ce dernier à apaiser la colère de sa dame. Laudine promet sans hésiter. Lunette va alors chercher Yvain à la fontaine, le ramène au château et dévoile son stratagème. Laudine est bien obligée de pardonner à Yvain et les deux amants sont réunis pour toujours.

Schéma narratif

Structure	Parcours narratif
1re partie Situation initiale	Le récit de Calogrenant
Élément transformateur	Yvain se rend à la fontaine
Péripéties	1. Combat contre Esclados 2. Yvain emprisonné et amoureux
Résolution	Yvain épouse Laudine
Situation finale	Arthur et sa cour à Landuc
2e partie Situation initiale	Yvain repart avec Gauvain
Élément transformateur	Yvain oublie le délai et se voit répudié par Laudine.
Péripéties	1. Folie d'Yvain 2. Guérison et combat contre le comte Alier 3. Combat contre le serpent, amitié du lion 4. Tentation du suicide, engagement auprès de Lunette 5. Combat contre Harpin 6. Combat contre les accusateurs de Lunette 7. Combat contre les netuns 8. Combat contre Gauvain
Résolution	Yvain retourne à la fontaine et déclenche la tempête
Situation finale	Réconciliation d'Yvain et Laudine

Questions

• Comparez les situations finales des deux parties. Quelle évolution du personnage d'Yvain a eu lieu entre les deux ?

• Les péripéties de la seconde partie : s'agit-il d'une simple énumération de combats presque identiques ou peut-on voir une gradation dans les épreuves imposées à Yvain ? Si oui, laquelle ?

Repères géographiques	Repères chronologiques
Carduel, au pays de Galles	À la Pentecôte
En route pour Brocéliande	
La fontaine Château d'Esclados à Landuc	Trois jours plus tard
Château de Landuc	
Château de Landuc	Veille de la Saint-Jean
	Huit jours après la Saint-Jean
La cour à Chester	À la mi-août de l'année suivante
1. Dans la forêt 2. Au château de la dame de Norison 3. Dans la forêt 4. À la fontaine de Landuc 5. Dans un château 6. Au château de Landuc 7. À Pesme-Aventure 8. À la cour d'Arthur	 Quinze jours après avoir sauvé le lion Le lendemain Le même jour Quinze jours après la plainte
À la fontaine de Landuc	
Au château de Landuc	

• Le héros revient trois fois à la fontaine merveilleuse. Montrez que le retour dans ce lieu relance chaque fois l'aventure.

• Beaucoup d'événements ne sont pas repérables chronologiquement. D'autres sont en revanche très précisément datés : lesquels ? Pourquoi ?

Les personnages

Le personnage médiéval

Dans un récit du Moyen Âge, les « personnages » sont bien différents de ceux qu'on rencontre dans les romans d'aujourd'hui. En effet, même les caractéristiques les plus évidentes qui définissent les personnages modernes – nom, physique, psychologie, situation sociale – sont souvent absentes dans les romans du XIIe siècle.

Le **nom** de Laudine, par exemple, n'apparaît qu'une fois (p. 73), et encore seulement dans certains manuscrits. Quant à sa suivante, Lunette, elle n'est nommée que fort tard, après le mariage de Laudine. Pour ce qui est des **traits physiques** du personnage, le roman est là encore très avare de détails. On ne sait rien sur Yvain (est-il blond, brun, grand, petit ?), et bien peu sur Laudine, déclarée « divine » et « belle » sans plus de précisions (p. 58). Le **caractère,** s'il est mieux connu, est souvent réduit à une seule qualité (ou un seul défaut) : Yvain est preux et courtois ; Lunette est rusée ; Keu est querelleur, etc. Quant au **rang social** du personnage, il est généralement mentionné, mais ce n'est pas une information très significative puisque tous les personnages importants appartiennent au monde de la cour et des chevaliers. Ainsi, le personnage médiéval se limite à un **type** peu nuancé : le « vaillant chevalier », le « perfide sénéchal », la « dame courtoise », etc. Le plus intéressant est donc le rôle joué par le personnage dans le récit et les relations qu'il entretient avec les autres personnages.

Schéma actantiel

Le schéma actantiel représente la distribution des différents rôles tenus par les personnages. Le **sujet** (celui qui mène l'action) part en quête d'un **objet**. Des personnages l'aident (**adjuvants**), d'autres s'opposent à lui (**opposants**). Le **destinateur** est ce qui fait agir le sujet, et le **destinataire** celui à qui profite l'action du sujet. Quelquefois, ces rôles sont joués par des idées ou des choses, et non par des personnes.

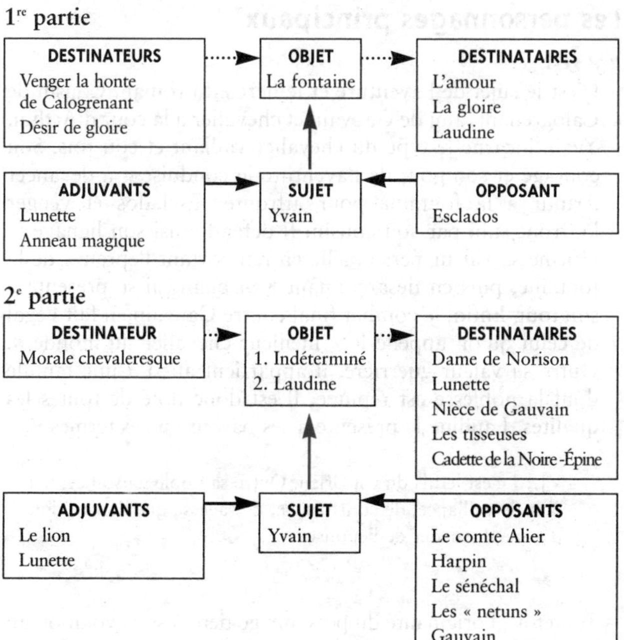

Le schéma de la première partie est celui d'une **quête** : Yvain cherche la fontaine, remporte l'épreuve en éliminant l'opposant et « gagne » ainsi l'amour de Laudine. En revanche, le schéma de la seconde partie adopte une structure différente. Les exploits accomplis par Yvain après sa folie ne se confondent pas avec les épreuves traditionnelles que l'on impose au héros pour qu'il reconquière sa dame. En effet, son action ne vise plus un but personnel : il s'agit seulement de défendre les demoiselles que le hasard a placées sur sa route. La quête fait alors place à l'**aventure** : le chevalier erre sans but et fait des rencontres de hasard. Ce n'est qu'à la fin, après le combat contre Gauvain, que la quête reprend, quand Yvain décide de retourner à la fontaine.

Les personnages principaux

Yvain

C'est le sujet de l'aventure et le héros du roman. Cousin de Calogrenant, ami de Gauvain et chevalier à la cour d'Arthur, Yvain incarne le type du chevalier vaillant et courtois. Son courage et son goût de l'aventure le conduisent à devancer Arthur à la fontaine pour affronter Esclados et venger l'affront subi par son cousin. Il défend ainsi son lignage et affirme sa valeur personnelle en remportant l'épreuve de la fontaine, puis en désarçonnant Keu quand il se présente à son tour. Enfin, le combat final contre Gauvain en fait l'égal de celui qu'on appelle le « meilleur chevalier du monde ». Outre sa valeur guerrière, il appartient aussi à une famille dont la noblesse est réputée. Il est donc doté de toutes les qualités. Laudine le présente à ses barons en ces termes :

> « [...] c'est le fils du roi Urien. Outre sa noble naissance, il a tant de vaillance, de courtoisie et de sagesse que l'on ne doit pas me dissuader de l'épouser. »
>
> (page 72)

Toutefois, l'originalité du personnage tient à son évolution au cours du roman. En effet, en oubliant la promesse faite à Laudine, il devient un chevalier trompeur, parce qu'il a préféré la gloire personnelle procurée par les tournois à la fidélité envers sa dame : il a ainsi enfreint la morale chevaleresque. C'est la gravité de cette faute qui provoque la folie :

> « Alors, une tempête se lève sous son crâne, si grande qu'il perd la raison ; il se déchire et met ses vêtements en lambeaux ; il fuit par les champs et les labours et laisse ses gens sans nouvelles. »
>
> (page 78)

Après sa guérison, Yvain renie ce qu'il a été, et le signe de cette transformation se lit dans le nouveau nom qu'il se donne : le « Chevalier au Lion ». Yvain abandonne par là un nom qui désigne un chevalier déchu, et il part en quête d'une nouvelle réputation. Les exploits qu'il accomplit alors sont d'une autre nature : il délaisse la prouesse vaine et égoïste des tournois pour une prouesse anonyme, désintéressée, charitable et utile, au service des faibles. Comme le dit la cadette de Noire-Épine :

> « [...] elle ne cessera pas de chercher partout le Chevalier au Lion, qui ne ménage pas sa peine pour soutenir les jeunes filles qui ont besoin d'être défendues. »
>
> (page 110)

À ce moment du récit, le lion, qui symbolise la noblesse et la force, devient le double du héros, désormais digne d'une telle compagnie. À la fin du roman, après avoir expié sa faute, le « Chevalier au Lion » retrouve l'amour de sa dame et redevient « Yvain ».
Ce personnage subit donc une véritable métamorphose au cours du roman, et son parcours est comparable à une initiation, parce qu'il illustre son ascension morale et spirituelle.

Laudine

Elle occupe une place importante dans le récit puisqu'elle est le principal objet de la quête d'Yvain. Il l'épouse au terme de la première quête, puis la retrouve après les aventures de la seconde partie. Elle incarne le type de la belle dame courtoise amie du chevalier. Son portrait est très succinct, le texte se contentant de mentionner son extrême beauté :

> « Jamais Nature ne se fit tant prodigue de beauté, et elle y a même dépassé la mesure. »
>
> (page 58)

Toutefois, le personnage de Laudine est plus mystérieux et plus original que cela. En effet, le lien qui l'unit à Yvain ne se réduit pas à une relation amoureuse. Elle épouse aussi Yvain par nécessité, parce qu'elle a besoin d'un chevalier pour défendre sa fontaine. Dans ces conditions, elle représente la dame féodale qui ne peut rester veuve parce qu'elle possède un fief, que doit défendre un seigneur. C'est cet impératif féodal qui explique son incohérence psychologique : la veuve éplorée « tombe amoureuse » en quelques pages du meurtrier de son regretté mari. D'ailleurs, le narrateur ne manque pas d'ironiser à son sujet en plaçant dans la bouche d'Yvain ce proverbe, lieu commun du discours misogyne au Moyen Âge :

> « [...] souvent femme varie. Peut-être changera-t-elle bientôt de sentiment. Peut-être ? Mieux vaut dire sûrement ! »
>
> (page 56)

Aussi le personnage de Laudine n'est-il pas idéalisé : elle refuse son pardon à Yvain quand il oublie sa promesse, et elle n'hésite pas à envoyer Lunette au bûcher. Mais cette attitude s'explique par rapport à son fief : si Yvain a trahi son amour, il a surtout manqué au service féodal auquel il s'était engagé ; de même, Laudine peut se sentir « trahie » par Lunette puisque c'est elle qui lui a conseillé d'épouser un mauvais chevalier.

Enfin, Laudine rappelle par certains aspects une figure féerique issue des légendes celtiques, ce qu'elle est d'ailleurs dans le récit gallois d'*Owein et Lunet*. Maîtresse de la fontaine merveilleuse, détentrice d'un anneau enchanté qui protège les amants fidèles, elle est intimement reliée à l'univers de la magie. Par ailleurs, il est dit qu'elle est la fille du duc Laududez, le héros d'un lai. Or plusieurs lais mettent en scène une fée à la fontaine, qui accorde son amour à un chevalier. Son origine de fée ainsi que les pouvoirs de sa fontaine en font un personnage actif et pas seulement un « objet » de la quête. Au total, ses différentes facettes – amie du chevalier, dame féodale et fée de la fontaine – la signalent comme un personnage d'une grande richesse.

Lunette

C'est la « demoiselle » de Laudine, dont on n'apprend le nom qu'au milieu du roman ; elle est alors comparée à la lune, parce qu'unique au monde et toujours fidèle.

Par rapport à Yvain, elle occupe à la fois le rôle d'adjuvant – elle le cache dans le château, puis lui obtient par deux fois l'amour de Laudine – et de destinataire – Yvain la sauve du bûcher. Ainsi se met en place, entre Yvain et elle, un jeu d'échange, de « don » et de « contre-don ». C'est parce qu'Yvain l'a bien traitée autrefois (à la cour d'Arthur) qu'elle lui vient en aide au château ; et c'est parce qu'elle l'a aidé qu'Yvain la défend contre ses trois adversaires.

Vis-à-vis de Laudine, elle a la fonction d'une « dame de compagnie », à la fois intime et soumise. À ce titre, elle appartient elle aussi à l'univers de la féerie puisqu'elle habite le domaine de la fontaine merveilleuse et possède en outre un anneau d'invisibilité. Son caractère ne manque pas d'originalité : elle connaît bien le cœur des femmes, et sait faire usage de son esprit et de sa ruse pour amener sa maîtresse à reconnaître ses torts, sans jamais la brusquer. Jean Frappier y voit un personnage de comédie, fort en avance sur son temps :

> « Lunette annonce certaines servantes de Molière par sa pétulance et les soubrettes de Marivaux par sa malicieuse perspicacité. »
>
> Étude sur *Yvain ou le Chevalier au lion de Chrétien de Troyes*, Sedes, 1969.

Aussi, si sa condition de suivante la place au-dessous de Laudine, son rôle dans l'histoire est essentiel, parce qu'elle fait le lien entre les deux héros. Avec ce personnage, Chrétien renouvelle le rôle de l'entremetteuse, traditionnellement dévolu aux femmes âgées. C'est finalement grâce à elle que l'histoire a lieu (elle provoque le mariage) et qu'elle prend fin (elle convainc Laudine de pardonner ses torts au Chevalier au lion).

Les personnages secondaires

Il convient ici de distinguer deux groupes : les personnages traditionnels de la cour arthurienne et ceux qu'Yvain rencontre au cours de ses aventures.

Calogrenant excepté, les membres de la cour d'Arthur n'ont pas été inventés par Chrétien : ils sont transmis par la tradition littéraire bretonne. Chacun d'eux a une fonction bien définie : roi (Arthur), reine (Guenièvre), sénéchal (Keu), premier chevalier et neveu du roi (Gauvain). Toutefois, Chrétien ne les cantonne par à leur fonction, il les dote d'une personnalité propre. Ainsi, Arthur est peu valorisé dans le roman : il se retire dans sa chambre en pleine fête de la Pentecôte. Plus loin, on voit que son pouvoir est assez réduit : il est obligé de se soumettre à la coutume du combat singulier, alors qu'il sait que la cadette est dans son bon droit. C'est donc une certaine impuissance qui caractérise le roi breton. Quant à Guenièvre, elle n'apparaît qu'au début, personnifiant la noblesse et la courtoisie. Sa place est minime dans ce roman : c'est le *Chevalier de la Charrette* qui lui réserve le premier rôle. Pour Keu, Chrétien accentue le caractère discourtois, querelleur et médisant du personnage légué par la tradition (le sénéchal, en qualité d'intendant, veille aux dépenses de la cour. La parcimonie dont il doit faire preuve lui vaut l'hostilité des conteurs gallois). Quant à Gauvain, enfin, s'il est traditionnellement le meilleur chevalier du monde et le préféré d'Arthur, il n'a jamais le beau rôle dans les romans de Chrétien. Dans *Yvain*, il sert essentiellement de faire-valoir au héros. En effet, bien qu'il soit appelé « le soleil de la chevalerie » lors de sa rencontre avec Lunette, il n'a ensuite qu'un rôle négatif : c'est lui qui entraîne Yvain dans les tournois et le conduit à oublier sa promesse ; il est toujours absent de la cour quand on a besoin de lui (Lunette et la cadette de Noire-Épine le cherchent en vain) et, lorsqu'enfin on le trouve, il épouse la cause d'une demoiselle dans son tort. Gauvain apparaît donc comme un chevalier sans idéal, défenseur d'une chevalerie que l'auteur réprouve : celle qui va s'illustrer dans les tournois.

À côté des gens de la cour, on trouve une série de personnages anonymes, qui se définissent surtout par rapport au héros. On pourrait distinguer tout d'abord les opposants : tantôt des diables ou des monstres (les « netuns », Harpin, et même Esclados le Roux, si l'on considère qu'au Moyen Âge le roux est la couleur du diable), tantôt des chevaliers discourtois, qui s'en prennent à des femmes sans défense (le comte Alier, le sénéchal de Landuc et le seigneur de Pesme-Aventure). Il y a ensuite les adjuvants et les destinataires, qui sont toujours des femmes : c'est par elles qu'Yvain acquiert sa renommée, grâce à laquelle il retrouve l'amour de Laudine.

L'amour et la prouesse

La courtoisie et l'amour courtois

On désigne souvent du nom de « romans courtois » les œuvres de Chrétien de Troyes. Cette appellation vient de ce que ces romans illustrent l'idéal de la courtoisie, fait de civilisation qui apparaît au XIIe siècle. De façon générale, la courtoisie désigne un art de vivre à la cour reposant sur certaines valeurs : la bonne éducation, la noblesse, la bonté de cœur, la générosité, la prouesse guerrière. Le courtois s'oppose au « vilain » qui, très vite, ne désigne pas seulement le paysan, mais ce qui le caractérise aux yeux des gens de cour : la grossièreté, l'avarice, la lâcheté et toutes les formes de bassesse. Plus particulièrement, la courtoisie vise à donner une place d'honneur à la femme qui était jusque-là assez méprisée (en particulier par l'Église) et entièrement soumise à son mari. Désormais, l'amour est revalorisé ; il est censé accroître la valeur du chevalier, qui est amené à se surpasser pour mériter l'estime de sa dame. Dès lors, les romans ont inventé un « art d'aimer », une sorte de code de l'amour courtois qui repose sur les règles suivantes :

– l'adultère : la dame doit être libre de se donner à l'ami ; celui-ci doit mériter l'amour de sa dame par sa prouesse. Cela ne peut donc se réaliser dans le mariage, qui suppose un amour acquis une fois pour toutes ;
– une fidélité absolue ;
– le secret de la relation (parce que cet amour est adultère) ;
– la supériorité sociale de la dame, qui ne doit jamais donner l'impression d'être « intéressée » ;
– l'assouvissement progressif du désir (la femme ne doit pas se donner au chevalier avant qu'il ne l'ait vraiment mérité).

Le schéma courtois et sa moralisation dans *Yvain*

Parce que l'amour de la dame est le sujet principal de l'histoire, *Yvain* appartient sans conteste au genre du « roman courtois ». Mais contrairement à un autre roman de Chrétien, *Le Chevalier de la Charrette*, qui reprend point par point les aspects de l'amour courtois énumérés ci-dessus, *Yvain* se démarque un peu de cette doctrine. En premier lieu, l'amour d'Yvain et de Laudine n'est pas adultère : il se réalise dans le mariage. Du coup, leur amour n'a plus besoin d'être tenu secret, et Yvain parvient en quelques jours à obtenir les faveurs de sa dame. Par ailleurs, Laudine n'est pas d'un rang social supérieur à son mari, ce qu'elle reconnaît elle-même : « J'aurai, le jour du mariage, un époux plus noble que je n'en pouvais espérer. » (p. 72). Finalement, seule reste l'exigence de fidélité absolue, qu'enfreint Yvain et qui lui vaut la colère et le rejet de sa dame.

Pourtant, il serait faux d'affirmer que Chrétien a complètement abandonné le schéma courtois pour ne conserver que la règle de la fidélité. En réalité, l'auteur en reprend tous les thèmes, mais en les adaptant. En effet, si les amants sont mariés, leur union est vite remise en cause : au bout d'une semaine, Yvain quitte Laudine, pour se voir rejeté par elle un an plus tard. Comme un amant courtois, il doit alors se racheter et accomplir de nombreuses prouesses pour reconquérir l'amour de son épouse légitime. On a donc affaire à une relation courtoise à rebours, le chevalier devant mériter son amie après l'avoir épousée. Il ne recouvre ses faveurs qu'à la fin du roman, au terme d'une attente digne d'un amant courtois. Pendant cette période, cet amour est gardé secret : Yvain n'avoue à personne, pas même à Laudine, qu'il l'aime toujours. Après avoir délivré Lunette du bûcher, le chevalier, devant Laudine, dit à voix basse : « Vous emportez la clé et vous possédez l'écrin où ma joie est enfermée, et vous ne le savez pas ! » (p. 105). Quant à la règle de la supériorité sociale qui n'est pas respectée à la lettre (Yvain étant plus noble que Laudine), elle est compensée par l'idée du « service » à la dame : tel le vassal envers sa suzeraine, Yvain accepte de défendre le fief de Laudine. Il adopte d'ailleurs une position de soumission quand il s'assoit à ses pieds lors du mariage (p. 71).

En définitive, Chrétien rend l'amour courtois plus acceptable pour la morale – en particulier chrétienne –, puisqu'il l'inscrit dans le cadre du mariage. Il n'en conserve pas moins le schéma général et les ressorts romanesques (éloignement, aventures, prouesses, secret...) normalement incompatibles avec la vie sédentaire et matrimoniale.

Le conflit de la prouesse et de l'amour

Le mariage, pourtant, est aussi à la source d'une crise majeure dans le roman. Juste après les noces, Gauvain reproche à Yvain de vouloir rester auprès de sa femme. Celui qui épouse la vie sédentaire renonce à l'aventure, à l'errance, et par là même aux occasions de montrer sa bravoure. Un tel chevalier ne mériterait plus l'amour de Laudine. Chrétien a déjà abordé cette question dans un roman précédent, *Érec et Énide* : le héros se marie, et préfère les plaisirs de l'amour à la gloire chevaleresque. Il est alors accusé de lâcheté (que l'ancien français appelle *recréantise*) parce qu'il ne se soucie plus d'accomplir les exploits que procure la vie aventureuse. Pour éviter cette honte, Laudine accepte de laisser partir Yvain à la condition qu'il revienne un an après. Le roman pointe ici la contradiction existant entre l'amour et l'aventure. La folie d'Yvain, emblème de ce conflit, en constitue la forme exacerbée. À cette contradiction il existe deux solutions.

La première est typiquement chevaleresque. Après sa guérison, Yvain se lance à corps perdu dans l'errance aventureuse, guidé par le hasard. Il réalise alors de multiples prouesses, toujours désintéressées. Il importe en effet qu'Yvain n'accomplisse pas ces exploits au nom de sa dame (il se met au service de demoiselles sans défense) et qu'il n'en retire aucune gloire (il cache sa véritable identité). La prouesse est ici distincte de l'amour : on est aux antipodes des combats en tournoi préconisés par Gauvain, où le chevalier brigue une gloire égoïste et des avantages matériels. C'est indirectement une critique de la chevalerie pervertie à laquelle se livre Chrétien de Troyes. Au contraire, Yvain retrouve l'amour de Laudine sans que ses hauts faits lui aient été dédiés. Quand Lunette, envoyée par sa dame, va chercher « celui qui tua le géant et se rendit maître des trois chevaliers », Laudine ne sait pas qu'elle parle d'Yvain (p. 133). Ensuite, le chevalier ayant démontré sa valeur guerrière mise au service des faibles, il reçoit en récompense l'amour de sa dame, sans que cette réconciliation avec Laudine dépende entièrement de lui. C'est par la prouesse désintéressée, expression absolue de l'idéal chevaleresque, que la crise se résout.

Mais il y a une seconde solution, d'ordre féodal quant à elle. Même sédentarisé et marié, Yvain ne saurait encourir le reproche de *recreantise*. En effet, Laudine exige de lui qu'il protège sa fontaine des ennemis : c'est ici le motif du seigneur défendant son fief. Ainsi, l'objection de Gauvain, tenant de la chevalerie à plein temps mais vidée de son sens, n'avait pas lieu d'être. D'ailleurs, la conception que se fait Gauvain de la prouesse est présentée sous un jour défavorable : c'est par sa faute qu'Yvain, grisé de joutes victorieuses, oublie la promesse à Laudine et pèche contre l'impératif de loyauté. La fin apportée au roman par Chrétien est révélatrice de ses partis pris : défense du mariage, du christianisme et de l'univers féodal. Amour et prouesse se concilient, sous l'égide de la défense du fief.

Correspondances

1

Le conflit de l'amour et de la chevalerie : la *recréantise* du chevalier.

« Mais Érec l'[Énide] aimait d'un si grand amour que les armes le laissaient indifférent et qu'il ne participait plus aux tournois. Il ne se souciait plus désormais de tournoyer : il allait vivre en amoureux auprès de sa femme, il n'avait plus en son cœur que le désir de l'embrasser et de la couvrir de baisers : il ne cherchait plus d'autre plaisir. Ses compagnons en étaient désolés et se lamentaient fréquemment entre eux de ce qu'il lui vouait un amour excessif. Il était souvent midi passé qu'il n'était pas encore levé d'auprès d'elle : s'en chagrinait qui voulait, cette vie lui plaisait. [...] Les barons affirmaient tous que c'était un grand malheur et un grand dommage qu'un baron tel qu'il avait été dédaignât de porter les armes. »

Chrétien de Troyes, *Érec et Énide*,
édition et traduction de J.-M. Fritz.

2

L'amour augmente la prouesse : Lancelot, le type du chevalier courtois.

Devant la reine Guenièvre, Lancelot combat Méléagant, qui a enlevé la reine.

« En lui [Lancelot] grandissent la force et l'audace, car Amour le soutient sans réserve et il n'avait, d'autre part, jamais haï personne autant que cet homme en train de se battre avec lui. Amour, ainsi qu'une haine mortelle, dont on n'avait pas, à ce jour, vu d'aussi grande, le rendent si terrible, si ardent que l'affaire n'a plus rien d'un jeu pour Méléagant, qui maintenant a peur, car il n'a jamais approché ni connu un chevalier si indomptable, jamais il n'a été si maltraité par aucun chevalier comme par lui. Il voudrait bien se tenir à distance : il échappe et il recule, fuyant ses coups, qu'il n'apprécie pas. Lancelot ne se perd pas en menaces, mais à force de coups le chasse vers la tour où la reine se tenait appuyée [...] mais toujours il s'arrêtait devant sa dame, la reine, elle qui a mis en lui cette flamme d'où lui vient tant de constance à la regarder, si grande ardeur contre Méléagant qu'il le menait partout à sa guise, en le chassant devant lui. »

Chrétien de Troyes, *Lancelot ou le Chevalier de la Charrette*,
édition et traduction de Charles Méla.

Le merveilleux dans *Yvain*

Quand on lit *Yvain* pour la première fois, on peut être surpris par la présence de personnages ou d'événements surnaturels, relevant de la magie et de la féerie. Le roman arthurien se soucie peu de réalisme : comme dans les contes de fée, il mêle constamment le monde féodal à l'enchantement.

Les signes du merveilleux dans le roman

Dans le roman médiéval, on appelle « merveilleux » tout ce qui s'apparente au surnaturel, tout ce qui ne peut s'expliquer qu'en référence au monde des esprits et de la magie. En réalité, on rencontre deux types de merveilles dans *Yvain* : le premier regroupe des éléments proprement surnaturels, bénéfiques ou maléfiques ; le second rassemble des faits qui ne sont pas explicitement magiques, mais dont le caractère étrange ou l'origine littéraire se rattache au merveilleux.

Dans le premier ensemble, on trouve un lieu merveilleux, celui de la fontaine de Laudine. Quand on verse de l'eau sur son perron, une formidable tempête se déchaîne, immédiatement suivie d'un ciel radieux, où s'élève le chant harmonieux d'un chœur d'oiseaux. Il s'agit bien ici d'un « prodige » (p. 45), qui contredit les lois de la nature. Si c'est le seul lieu explicitement merveilleux dans le roman, il y occupe une place prépondérante, la fontaine étant l'objet de trois descriptions. Les personnages merveilleux sont plus nombreux. On trouve tout d'abord des géants : le vilain monstrueux, de dix-sept pieds de haut, et Harpin. Il y a aussi les deux diables immondes de Pesme-Aventure, décrits comme les fils d'un « netun » et d'une femme (p. 115). Enfin, le lion appartient également à cette catégorie, car son comportement est peu naturel : il s'agenouille devant Yvain et mouille sa face de larmes (p. 85), puis se met à son service, comme un homme. Pour ce qui est des objets merveilleux, on recense deux anneaux magiques : celui de Lunette, qui procure l'invisibilité (p. 55), et celui de Laudine, qui protège les amants fidèles de toute blessure

(p. 74). L'onguent que la fée Morgane a donné à la dame de Norison a aussi des propriétés magiques : il guérit Yvain de la folie (p. 83).

À côté de ces éléments explicitement magiques, il existe un autre type de merveilleux, plus diffus et atténué, plus proche de l'étrange et du mystère que du surnaturel proprement dit. Il en va ainsi de Laudine et Lunette, qui ne sont jamais désignées comme des fées. Pourtant, leur lien avec la magie est évident, puisqu'elles possèdent toutes deux des anneaux enchantés et qu'elles vivent dans le domaine merveilleux de la fontaine. À ce second type appartient également le nain qui accompagne Harpin. Dans la tradition médiévale, le nain est toujours un personnage maléfique, qui passe du monde des morts à celui des vivants. Dans *Yvain,* Chrétien suggère son caractère surnaturel, parce qu'il accompagne le géant Harpin. On trouve aussi l'étrange château de Pesme-Aventure, qui s'apparente à un monde merveilleux. En effet, c'est un lieu d'où l'on ne peut pas repartir une fois qu'on y est entré (p. 114). C'est également là que résident les deux diables. L'étrangeté de ce lieu se voit aussi dans le caractère du seigneur du château. Il se montre très courtois envers Yvain, le reçoit somptueusement, puis le contraint à un combat périlleux avec les deux diables.

L'origine du merveilleux

La présence du merveilleux dans *Yvain,* comme dans tout roman arthurien, s'explique par son origine « bretonne ». En effet, Chrétien de Troyes travaille à partir d'un ensemble de légendes celtiques et irlandaises appelé « matière de Bretagne » (voir p. 23). Jean Bodel, un auteur de la fin du XIIe siècle, la caractérise ainsi : « Les contes de Bretagne sont tellement *irréels* et séduisants ! ». En effet, la mythologie celtique dont s'inspire *Yvain* fait très souvent appel à la magie et au surnaturel. Prenons l'exemple de la fontaine merveilleuse. D'après Chrétien, elle se situe à Brocéliande, la fameuse forêt de Bretagne réputée pour ses merveilles. Dans un roman contemporain d'*Yvain,* le *Roman de Rou* de Wace, on trouve la mention de Brocéliande et d'une fontaine magique, appelée fontaine de Barenton : « Les veneurs avaient l'habitude d'aller à Barenton les jours de grande chaleur, et de puiser de l'eau avec leur cor de chasse puis de la verser sur le perron, ce qui faisait pleuvoir [...]. Là a-t-on coutume de voir des fées, si les Bretons nous disent la vérité, ainsi que bien d'autres merveilles. » Ce récit de Wace correspond lui-même à un rite celte plus ancien : on se rendait à cette fontaine et l'on versait de l'eau dessus en pensant que les divinités de la pluie reproduiraient ce geste en faisant pleuvoir. C'est donc dans le folklore celtique que le merveilleux d'*Yvain* trouve sa source.

Le merveilleux atténué de Chrétien de Troyes

Cependant, si l'on compare plus avant les sources de Chrétien et le roman du *Chevalier au lion,* on s'aperçoit que l'auteur a beaucoup atténué la place du merveilleux dans le récit. Par exemple, Esclados le Roux est un simple chevalier, certes grand (Calogrenant précise qu'il le dépasse d'une tête) et fort, mais qui n'a rien du géant divin qui serait à l'origine de ce personnage (il s'agirait du dieu irlandais Curoi, dieu des tempêtes et du soleil). De même, le caractère féerique de Laudine n'est que suggéré, tandis que le personnage de Morgane, la fée par excellence, est seulement désigné comme « Morgue la sage » (dans un passage non cité dans nos extraits).

Pourquoi Chrétien a-t-il renoncé à certaines merveilles de la légende, si séduisantes pour le lecteur ? En réalité, l'auteur paraît préférer une atmosphère mystérieuse au merveilleux spectaculaire. Il privilégie l'étrange, qui intrigue plus qu'il n'étonne le lecteur. Ainsi de Pesme-Aventure. La scène des tisseuses de soie peut se lire comme une représentation des ouvrières de l'industrie textile en Champagne, le seigneur du château incarnant le tyran esclavagiste qui exploite ses ouvrières. Pour autant, le fait que ces jeunes filles soient un tribut envoyé chaque année au seigneur par le roi de l'Île-aux-Pucelles rattache l'épisode au merveilleux : tel le Minotaure de l'Antiquité, le seigneur exige des jeunes filles pour leur infliger les pires souffrances, faute de les « dévorer » proprement.

De même, tout l'épisode baigne dans une atmosphère mystérieuse : juste avant d'entrer dans le château, Yvain est accablé d'outrages sans qu'il en sache la raison, et sans qu'on lui indique pourquoi il doit rebrousser chemin (p. 113). Ensuite, on lui interdit de repartir, sans plus d'explication (p. 114). Enfin, après cet accueil désastreux, Yvain est reçu au contraire de façon très courtoise et généreuse par le seigneur. Les événements s'enchaînent donc sans logique apparente et c'est au lecteur de décider s'il a affaire à un château merveilleux ancré dans l'« Autre Monde » des Celtes ou s'il s'agit d'un tableau économique de la misère ouvrière. Le merveilleux atténué de Chrétien est donc beaucoup plus riche en interprétation que le merveilleux spectaculaire des contes bretons. C'est un univers incertain, à la frontière du surnaturel et du réel.

Le merveilleux dans le récit

Pour autant, comme on l'a vu plus haut, il existe aussi un merveilleux « véritable » dans *Yvain*, qui se rapporte toujours au héros. En effet, ses éléments se répartissent en adjuvants (les objets magiques et le lion) ou en opposants (la fontaine, Harpin, les « netuns »). Ces derniers sont les plus intéressants, parce qu'ils provoquent l'aventure et se constituent en épreuves. Le schéma de la confrontation du héros au merveilleux paraît relativement simple : ces merveilles incarnent une forme de barbarie, qui représente une menace pour le monde courtois représenté par Yvain. Ainsi Harpin, qui veut prostituer une demoiselle. De même, les « netuns », qui exploitent et maltraitent des jeunes filles. Yvain affronte cette barbarie et élargit ainsi l'univers courtois. Le héros a donc ici une « mission » civilisatrice. Pour autant, la fin du roman semble contredire cette interprétation : loin d'abolir l'enchantement de la fontaine et de ramener Laudine à la cour, il devient le seigneur de ce lieu enchanté et se fait le défenseur de la coutume merveilleuse… Chrétien ne renonce donc pas complètement à la séduction des merveilles bretonnes ; il se contente de supprimer les plus choquantes pour la morale courtoise.

Correspondances

Le thème de la fontaine merveilleuse.

1

La fée à la fontaine : un motif merveilleux très fréquent dans les lais.

Guingamor, un preux chevalier, est parti chasser dans la forêt.

« Il gagne l'extrémité de la lande et trouve là une source sous un olivier feuillu, vert, fleuri et luxuriant. L'eau est claire et belle, le gravier d'or et d'argent. Une pucelle s'y baigne, une autre lui peigne sa chevelure et lui lave les pieds et les mains. La pucelle avait un beau corps, svelte, mais bien en chair : il n'y avait rien d'aussi beau au monde, ni fleur de lys, ni fleur de rose, que cette femme dans sa nudité. [...] il s'arrête et descend de cheval. La pucelle s'habille aussitôt et celle qui était avec elle lui amène une mule richement harnachée, bien sellée, avec pour elle-même un palefroi comme n'en eut de meilleur ni comte ni roi. Guigamor suit la pucelle ; après l'avoir soulevée pour la mettre en selle, il monte à cheval et prend les rênes. Il la regarde plusieurs fois, la joie au cœur, la trouve belle, élancée, séduisante, et souhaite qu'elle l'aime et devienne son amie. »

Lai de Guingamor , trad. d'Alexandre Micha.

2

La fontaine de Barenton dans un roman d'aujourd'hui.

Merlin a rencontré Viviane, au cœur de Brocéliande. Il en est tombé fou amoureux.

« Quand il se sentait sur le point de sombrer dans la folie, il allait se jeter dans la source toute proche qu'on nomme fontaine de Barenton et y trouvait soulagement. C'est une source dont l'eau bout bien qu'elle soit froide. Si on y plonge la tête d'un homme devenu fou, il y retrouve le bon sens, à condition qu'il l'ait eu auparavant, ce qui n'est pas courant. Merlin s'y plongeait tout entier, le Diable enragé donnait à l'eau la véritable chaleur de l'eau bouillante, mais pour Merlin elle restait fraîche et il en sortait apaisé, avec des forces renouvelées pour se défendre. [...]

Il eut recours alors à la dangereuse conjuration de l'oubli, qu'il n'avait jusqu'à ce moment jamais utilisée. Près de la fontaine était couchée une lourde pierre rectangulaire qui aurait pu lui servir de couvercle, et qui l'était peut-être, et à côté de la pierre se dressait un arbre qui n'était pas de Bretagne mais des pays de la Méditerranée, un pin parasol au tronc rose dont les branches, très hautes, s'étendaient à l'horizontal sur toute la clairière. L'arbre était aussi vieux que la source, une chaîne d'or ceinturait son tronc puissant et se prolongeait jusqu'à la dalle de pierre. À son extrémité était fixé un gobelet d'or marqué de signes et de lettres que même les moines savants ne savaient pas lire. Il plongea le gobelet dans la source, et répandit l'eau sur la dalle, en prononçant les mots inscrits dans l'épaisseur de l'or.

Aussitôt dix mille éclairs éclatèrent à la fois, formant un dôme de feu au-dessus de la forêt, dans un fracas ininterrompu, terrifiant. »

René Barjavel, *L'Enchanteur,* Denoël, 1984.

L'univers médiéval dans *Yvain*

Dans le prologue d'*Yvain,* le narrateur dénigre son époque, qui a abaissé l'amour à un sujet de plaisanterie et de mensonges. Il préfère donc situer son roman au temps du roi Arthur, quand les amants étaient « courtois, preux, généreux et honorables ». Pourtant, la société dans laquelle évoluent Yvain et les autres personnages ressemble bien plus à la France du XIIe siècle qu'à la Bretagne du VIe siècle : on retrouve dans l'œuvre de nombreuses facettes de l'univers médiéval contemporain de l'auteur. Toutefois, il n'y a pas chez Chrétien de Troyes le projet de décrire globalement la société de son temps, même si on rencontre dans son œuvre « une grande quantité de détails sur les relations sociales et d'une façon générale sur les mœurs » (E. Auerbach, *Mimêsis. La représentation de la réalité dans la littératre occidentale*). C'est ce « réalisme » que l'on abordera ici, au travers de trois aspects bien représentés dans *Yvain* : la vie des chevaliers, la justice et la condition féminine.

L'univers militaire

Les armes et le cheval

Les nombreux combats livrés par Yvain fournissent l'occasion de décrire l'armement très sophistiqué du chevalier du XIIe siècle. Au nombre des armes offensives, on recense ainsi, dans le combat d'Yvain contre Esclados, la **lance**, première arme que le chevalier utilise. Une fois que la lance est brisée (« les lances se fendent et éclatent, et volent en tronçons », p. 48), le guerrier utilise son **épée**, avec laquelle il frappe d'estoc (de la pointe de l'épée) ou de taille (avec le tranchant de l'épée). L'armement défensif se compose de l'armure – le **heaume** et la **coiffe** protègent la tête, le **haubert** est une cotte de maille qui recouvre l'ensemble du corps – et du bouclier, appelé **écu**, que le chevalier tient par la **guige** (sangle qui sert à attacher le bouclier à son cou). Enfin, le guerrier combat sur un **destrier**, cheval de combat, et la règle veut que les combattants évitent de frapper le cheval de l'adversaire et qu'ils restent en selle le plus longtemps possible.

Ce « réalisme » guerrier a pour but de répondre à l'attente du public auquel l'auteur destine son œuvre : les chevaliers de la cour, friands de ce genre de scènes. Par ailleurs, il sert à caractériser les personnages. Le port et l'usage codifié de ces armes définissent le bon chevalier, par opposition au chevalier fourbe ou au monstre. Ainsi, le narrateur suggère implicitement la loyauté d'Esclados et d'Yvain puisque ceux-ci « ne frappèrent ni ne blessèrent en aucune façon leurs chevaux » (p. 50). Au contraire, la monstruosité d'Harpin est trahie par le fait qu'il porte une peau d'ours en guise de cuirasse (signe de son animalité) et qu'il utilise un épieu au lieu d'une lance. Il a en outre juché les fils du seigneur sur des roncins, chevaux de peu de valeur, signe du mépris d'Harpin pour les chevaliers. De même, les « netuns » qu'Yvain affronte à Pesme-Aventure combattent à pied, armés de bâtons, ce qui est le mode de combat du vilain à l'époque : le narrateur signale ainsi qu'Yvain n'a pas affaire à de vrais chevaliers.

La hiérarchie sociale

Différents termes s'appliquent aux guerriers selon leur importance et leur fonction. Au-dessus de tous se tient le **roi**, suzerain des chevaliers qui appartiennent à sa cour. Au-dessous du roi se trouvent les chevaliers et les barons. Les **chevaliers** sont des combattants nobles à cheval (tels Yvain, Gauvain, Calogrenant, Keu) ; les **barons** sont également nobles, mais ont le rôle de conseillers du roi ou du seigneur. Ainsi, dans *Yvain,* les barons conseillent à Laudine d'épouser Yvain. Mais Lunette ne se prive pas de critiquer leur lâcheté : ils redoutent d'avoir à prendre les armes pour défendre la fontaine de leur dame (voir p. 66). On trouve également à la cour le **sénéchal**, terme désignant le premier des serviteurs du roi, chargé de la surintendance au château. Sa fonction est à la fois militaire (par exemple, Keu à la fontaine merveilleuse) et consultative (le sénéchal de Laudine qui conseille aux barons d'accepter le mariage de leur dame avec Yvain). Le sénéchal est dans ces deux cas incarné par un personnage désagréable, ce qui est peut-être une façon de dénigrer sa fonction matérielle et économique face à la fonction purement guerrière des chevaliers. Enfin, dernier grade de la hiérarchie féodale, on trouve les **vavasseurs**, c'est-à-dire les « vassaux d'un vassal ». C'est un vavasseur qui accueille Calogrenant puis Yvain sur la route de la fontaine. L'hospitalité généreuse des vavasseurs est probablement à relier au fait que, placés plus bas que les chevaliers, ils se trouvent honorés par leur visite.

Les combats

Dans la réalité féodale, le chevalier est amené à combattre dans trois cas : à la guerre, dans les tournois et lors de combats singuliers. Yvain prend part à une seule « guerre » : celle qui oppose la dame de Norison au comte Alier. Ce conflit fait écho aux luttes locales que se livraient les seigneurs féodaux en vue d'acquérir de nouvelles terres. Quant aux tournois, destinés à assurer un entraînement régulier aux chevaliers en temps de paix, on en voit une mention à la page 74, lorsque Yvain quitte Laudine pour aller s'y illustrer. Mais ce sont les combats singuliers qui sont les plus fréquents : contre

Armure.
Œuvre de Desiderio Colman de Ausburgo.
Madrid Armeria Real.

Esclados, Harpin, les « netuns » et Gauvain. Dans la réalité féodale, ce type de combat intervient dans le domaine du droit, lorsque deux chevaliers défendent une cause opposée. En revanche, les combats singuliers qui opposent Yvain à des monstres ou à des chevaliers menaçants appartiennent à la littérature : ils sont le propre d'un type littéraire, le « chevalier errant », héros classique du roman courtois.

Le droit et les coutumes

Le droit féodal

Un autre aspect du « réalisme » d'*Yvain* se lit dans les références au droit féodal en vigueur à l'époque de Chrétien de Troyes. Ainsi de la querelle des sœurs de Noire-Épine, qui renvoie au droit d'aînesse. Selon cette loi la totalité de l'héritage va à l'aînée. Mais, en principe, elle doit en céder une partie à sa cadette, afin de ne pas la laisser démunie. Celle-ci vient donc se plaindre à la cour. Un second exemple du droit féodal est le recours à un champion, pratique légitime quand l'accusée était noble et que l'affaire n'était pas criminelle, ce qui est le cas des deux sœurs.

Le droit féodal est garanti par deux autorités : Dieu et le roi. La cadette invoque la protection divine : « Que Dieu et mon droit, en qui j'ai et j'eus toujours foi, aident et protègent celui qui, par amour et par loyauté, s'offrit à mon service [...] » (p. 123). De même, dans l'épisode de Lunette au bûcher, Yvain ne craint pas de s'opposer à trois adversaires en même temps parce qu'il sait que « Dieu et le droit combattront à ses côtés » (p. 101). Ces deux épisodes font écho au principe du « jugement de Dieu », tel qu'il est reconnu à l'époque : Dieu donne la victoire au chevalier qui défend la cause la plus juste. Quant au roi comme garant du droit, le roman y fait également allusion, lorsque la cadette recourt à Arthur : « je suis venue auprès de toi et de ta cour pour chercher un appui » (p. 109). Le roi accorde alors un délai à la cadette, puis il finit par lui rendre sa part d'héritage, alors que l'issue du combat entre Yvain et Gauvain demeure indécise.

Les coutumes

À côté de ce système juridique bien établi, on trouve dans le roman un autre genre de règles : les coutumes. Celles-ci, très fréquentes dans l'univers arthurien, appartiennent au domaine de la fiction et tempèrent le « réalisme » du droit féodal dans *Yvain*. On les rencontre à trois occasions : le sénéchal de Laudine veut préserver « la coutume en vigueur dans ce château depuis plus de soixante ans » (p. 72), autrement dit la « règle » attachée à la fontaine (p. 44). De même, à Pesme-Aventure, la dame parle de la « coutume en usage ici » (p. 113). Enfin, Yvain est contraint de se battre avec les « netuns » au nom de l'usage. La coutume se définit comme une règle que se donne un groupe social et qu'il doit respecter. À la différence des lois, qui s'appuient sur la justice, c'est l'habitude seule qui consacre la coutume. Aussi les coutumes sont-elles souvent « mauvaises » et mystérieuses : on ne connaît pas leur origine et on ne comprend pas au nom de quoi il faut les faire perdurer. Elles semblent appartenir à un monde archaïque et injuste. Elles introduisent en outre des effets d'étrangeté, qui donnent au roman arthurien sa tonalité propre.

L'univers des femmes

À la différence des chansons de geste, les romans courtois accordent aux femmes une place importante ; en effet, parce que ce genre est lu à la cour, il leur est en partie destiné.

La hiérarchie féminine

On trouve dans *Yvain* un reflet assez exact des différentes catégories sociales de « femmes » que connaît la réalité médiévale. Au sommet de cet univers féminin, il y a la **dame**, noble, souvent mariée, et parfois à la tête d'un fief. Les dames du roman sont Laudine et la dame de Norison. Au-dessous, il y a les **demoiselles**, c'est-à-dire des jeunes filles nobles mais non mariées. Lunette se voit toujours appelée « demoiselle », par rapport à Laudine qui est sa « dame ». Leur intimité s'explique par leur commune appartenance à la noblesse, mais Lunette reste soumise à Laudine qui possède un fief. On trouve ensuite, à Pesme-Aventure, les **pucelles,** l'équivalent du mot « jeune fille », sans précision sur leur rang social. On ne sait pas si les trois cents pucelles sont nobles ou non. Toutefois, leur situation dégradante empêche le narrateur de les appeler « demoiselles ». L'usage distinct de ces différents termes dans le roman reflète la hiérarchie établie des femmes à la cour.

Les vêtements

Là encore, le roman donne plusieurs détails. Ainsi, la fille du vavasseur accueillant revêt Calogrenant d'un « manteau court d'écarlate couleur de paon, fourré de petit-gris » (p. 41). La cadette de Noire-Épine est vêtue d'un « manteau d'écarlate court, fourré d'hermine » (p. 108). Ailleurs, on apprend que Lunette donne à Yvain une robe dont la fourrure est encore couverte de craie, ce qui suggère que le vêtement est tout neuf (la craie servait à préparer les fourrures). Ces descriptions vestimentaires sont usuelles dans les romans médiévaux : quelle que soit l'époque à laquelle se situe l'histoire, les auteurs habillent les personnages à la mode de leur temps. Là encore, ces notations ont une utilité romanesque : le riche manteau que Lunette donne à Yvain signale son estime pour le chevalier en même temps que la richesse de Laudine. En revanche, la description des habits des pucelles à Pesme-Aventure – vêtements défaits, absence de ceinture, tuniques déchirées et chemises sales (p. 114) – suffit à exprimer leur désarroi.

Les occupations des femmes

Parce que le roman est centré sur un héros masculin, on apprend peu de choses sur les occupations des femmes à l'époque. Deux passages font toutefois exception, et ils sont dignes d'intérêt. Quand Yvain parvient au château de Pesme-Aventure, il surprend la famille du seigneur dans un verger, la demoiselle lisant un roman à ses parents (p. 118). Chrétien s'amuse ainsi à représenter la nouveauté du genre romanesque, lu à voix haute et par une femme, ce qui est peut-être une allusion à la « courtoisie » de son œuvre, qui s'adresse désormais aux femmes comme aux hommes.

Le second passage est celui des pucelles tisseuses de soie. D'après Jean Frappier, ce tableau serait le reflet des « gynécées », ateliers de tissage, de filature et de couture qui employaient, au XIIe siècle, les femmes des serfs soumises à la corvée du tissage. L'extrême précision accordée à la mention de leur salaire (voir p. 117) semble bien une marque de réalisme, comme si l'auteur avait vu de semblables ateliers en Champagne. L'opposition entre la condition de ces ouvrières et celle de la demoiselle lisant dans son verger est criante et *Yvain* semble le premier roman à dénoncer la misère ouvrière. Ce passage tempère quelque peu l'idéalisme des romans habituels, qui ne présentent que l'univers de l'aristocratie, comme s'il n'existait pas de paysans pour nourrir les seigneurs.

La postérité d'*Yvain* dans la littérature médiévale

Dans le prologue d'*Yvain,* le narrateur fait la déclaration suivante : « Il me plaît de raconter quelque chose qui mérite d'être écouté, au sujet du roi qui a si bien marqué son époque qu'on parle de lui partout. C'est pourquoi je suis d'accord avec les Bretons qui disent que son nom perdurera jusqu'à la fin des temps. » Par ces mots, Chrétien de Troyes semble faire le pari que son œuvre est promise à une postérité glorieuse, et ce pari est gagné puisque nous lisons son roman aujourd'hui encore.

Pour mesurer la réception d'une œuvre au Moyen Âge, on retient en particulier ces deux critères : le nombre de manuscrits conservés, qui donnent une idée du succès que le roman a pu rencontrer (ce critère demeure toutefois imprécis, puisque des manuscrits ont pu être perdus) ; le nombre de fois où le personnage et ses aventures ont été repris ou adaptés (pratique courante, on l'a dit, chez les écrivains du Moyen Âge).

Dès le XIIe siècle, *Yvain* a dû être très apprécié, puisque nous avons conservé onze manuscrits du roman (sept complets et quatre fragmentaires), ce qui est beaucoup pour une œuvre de cette époque. Quant aux traductions ou adaptations du roman, la fortune *d'Yvain* paraît également établie, particulièrement dans le domaine étranger. On trouve ainsi, du XIIIe au XIVe siècle, quatre « traductions » du roman en langues étrangères et une réécriture en français, au XVIe siècle, témoignant de la renommée du roman encore à cette époque.

En revanche, le personnage d'Yvain a été peu repris dans les textes français en vers ou en prose. À la différence de Lancelot, qui est le héros de l'immense cycle du *Lancelot-Graal,* Yvain n'est cité que de façon épisodique, sans accéder jamais au rôle de héros. Ainsi, dans le *Lancelot en prose,* roman du XIIIe siècle, Yvain est relégué au rang de personnage secondaire. Il accueille Lionel, le jeune cousin de Lancelot, lorsqu'il arrive à la cour d'Arthur. Ensuite, quand Lionel montre sa bravoure en tuant un lion, celui-ci remet la peau de ce lion à Yvain, afin qu'il la porte sur son bouclier : il ne reste du lion que la peau…

La cause de ce relatif désintérêt des romans français pour le personnage d'Yvain vient probablement de sa situation à la fin du *Chevalier au lion.* Ayant obtenu le pardon de sa dame et se voyant désormais maître de la fontaine merveilleuse, ses aventures sont arrivées à leur terme, et il paraît difficile de « greffer » de nouveaux récits sur cette fin. Le personnage de Lancelot, au contraire, laissait beaucoup plus d'opportunités pour des aventures futures, puisque les rapports de Lancelot et de Guenièvre à la fin du *Chevalier de la charrette* sont loin d'être établis.

Cependant, si le personnage d'Yvain lui-même se voit quelque peu délaissé, ce n'est pas le cas de nombreux motifs du *Chevalier au lion,* qui ont été fort exploités dans les romans ultérieurs, telles la folie, la fontaine propice à la rencontre amoureuse, la tentation du suicide, etc. C'est là encore la preuve que le personnage d'Yvain était difficilement réutilisable, au point que l'on a repris certaines de ses aventures sans en conserver le protagoniste.

Jugements et critiques

La littérature du Moyen Âge a été globalement « oubliée » pendant la Renaissance et l'âge classique, époques qui valorisent le retour à l'Antiquité et qualifient le Moyen Âge d'« époque barbare ». Le revirement s'amorce avec les romantiques, qui redécouvrent cette période et en font l'éloge. C'est à partir de ce moment seulement que les érudits se mettent à relire, étudier, éditer et traduire la littérature du Moyen Âge. Toutes les critiques que l'on possède sont donc assez récentes.

Interprétations d'*Yvain*

En comparant *Yvain* au *Chevalier de la charrette*, J. Frappier définit son originalité propre :

« Soudés de la sorte, ces deux romans ne sont pas écrits dans le même registre. L'*Yvain* laisse percer un peu de moquerie, enjouée ou mélancolique, à l'adresse de la dame. Il insinue une veine satirique dans l'inspiration courtoise. Il est bien, avec *Érec et Énide,* l'ouvrage de Chrétien qui donne le plus une impression de liberté créatrice. Le sujet semble avoir été choisi spontanément. Pas de dédicace qui le subordonne à une volonté étrangère. On peut croire que le poète invente pour son propre divertissement, avant de songer à celui des autres. Aucune intention de polémique, comme dans *Cligès,* aucune rigueur doctrinale, comme dans *Lancelot,* ne raidissent l'intrigue ni le *sen* : le conflit entre les obligations du mariage et l'idéal chevaleresque est retracé en toute probité par un moraliste impartial, malgré les ironies de détail. La leçon à tirer du récit reste discrète. Elle ne s'impose pas. À nous de réfléchir, une fois le livre fermé. »

Jean Frappier, *Chrétien de Troyes,* Hatier, 1968.

E. Baumgartner oppose ainsi les deux modes de progression du héros dans le récit : l'errance et la quête.

« Quant au chevalier maître de sa monture, deux voies s'ouvrent à lui, l'errance, la quête, deux voies qu'empruntent alternativement les récits et leurs héros. [...] Yvain s'aventure d'abord, avec Gauvain comme (mauvais) guide, sur la voie de l'errance chevaleresque, des tournois, pour bientôt tomber dans cette errance absolue qu'est la folie. Il semblerait que la rencontre avec le lion [...] inaugure une nouvelle étape, un retour concerté vers Laudine. Or il n'en est rien. Yvain ne voit pas comment apaiser et reconquérir sa dame. Sa chevalerie [...] ne s'engage sur aucune route particulière, dans aucune quête précise. Dans ce cheminement dispersé, quadrillage aléatoire et erratique d'un monde où il s'agit de faire observer au coup par coup les lois et les normes arthuriennes en matière d'ordre moral, de justice et de pratiques sexuelles, on ne retrouve pas la même progression que l'on peut déceler dans les aventures d'Érec et Énide. Qui plus est, cette errance pourrait indéfiniment se perpétuer si le héros / le récit ne décidait d'un seul coup d'y mettre fin en faisant

Wolther von Klingen.
Scène de tournoi.
Miniature in Codex Manesse, *début du* XIVe *siècle.*
Universitätsbibliothek, Heidelberg.

retour à la fontaine. Au trajet linéaire initial, de la cour d'Arthur à la fontaine, succède ainsi une chevauchée dans un monde circulaire dont le seul orient est, d'abord quêtée, puis (re)trouvée par hasard (v. 3490-3491) et recherchée *in extremis,* la Fontaine au Pin, l'univers de la Dame. »

Emmanuèle Baumgartner, *Chrétien de Troyes, Yvain, Lancelot, la charrette et le lion*, PUF, 1992.

E. Auerbach analyse ainsi la présence concomitante dans le roman de deux univers *a priori* opposés : la féerie et le réalisme.

« Il est bien clair que nous nous trouvons dans l'univers magique du conte. Le droit chemin qu'il s'agit de parcourir à travers une forêt broussailleuse, le château qui semble sortir de terre par enchantement, la belle jeune fille, l'étrange silence du vavasseur, l'homme des bois, la fontaine magique, tout cela baigne dans une atmosphère de conte. [...] Cet élément mystérieux, ce monde qui paraît surgir par enchantement et dont les fondements demeurent cachés appartiennent à la légende bretonne ; le roman courtois, en la reprenant, l'a fait servir à l'élaboration de l'idéal chevaleresque [...] Le propos essentiel des romans courtois est de représenter, d'un point de vue lui-même féodal, les mœurs et les idéaux de la chevalerie féodale ; ils sont dépeints à loisir et en de telles occasions la narration abandonne le lointain nébuleux des contes de fées, pour introduire des tableaux très concrets des mœurs de l'époque. »

Erich Auerbach, *Mimêsis. La représentation de la réalité dans la littérature occidentale*, Gallimard, 1968.

G. Duby montre les liens existant entre la diffusion de la littérature arthurienne et la cour d'Angleterre.

« À cette cour, la préférence des clercs allait à la matière de Bretagne, aux légendes transmises par les bardes venus des pays celtes que le roi Henri accueillait également. Aux confins brumeux de l'espace démesuré qu'il s'épuisait à contrôler, l'Armorique, la Cornouaille, le pays de Galles, l'Irlande, dernière conquise, formaient comme un au-delà où la chevalerie pouvait projeter ses rêves et ses désirs de liberté. [...] Ces héros, dont le Plantagenêt espérait que le renom rejaillirait sur sa personne, étaient des chevaliers, errants ; divaguant parmi les dangers de la lande, ils terrassaient au passage des chevaliers masqués, gagnaient l'amour d'héritières aux châteaux fabuleux, et les fées qu'ils découvraient, se baignant nues près des fontaines, les prenaient à leurs charmes fugaces ; ils revenaient, rompus, glorieux, à la cour ranimer sa joie et s'asseoir, tous égaux, à la Table ronde, “ qui tournoie comme le monde ”, sous la présidence du roi Arthur. Du roi Arthur, contre le roi de France qui se posait en héritier de Charlemagne, Henri se posait en héritier [...] Drapé dans les légendes, il défiait de sa gloire mondaine le roi de Paris. »

Georges Duby, *Le Moyen Âge*, Hachette, 1987.

OUTILS DE LECTURE

Le texte en « ancien français »

Voici le portrait du vilain en « langue originale », accompagné d'une traduction littérale du texte.

Uns vileins, qui resanbloit Mor,	Un vilain, qui ressemblait à un Maure,
leiz et hideus a desmesure,	laid et hideux de façon démesurée,
einsi tres leide criature	créature plus laide
qu'an ne porroit dire de boche,	qu'on ne saurait le dire,
assis s'estoit sor une çoche,	était assis sur une souche,
une grant maçue en sa main.	une grande massue à la main.
Je m'aprochai vers le vilain,	Je m'approchai du vilain,
si vi qu'il ot grosse la teste	et vis qu'il avait la tête plus grosse
plus que roncins ne autre beste,	qu'un roncin ou que toute autre bête,
chevox mechiez et front pelé	les cheveux emmêlés, le front pelé,
s'ot pres de deus espanz de lé,	et large de deux empans,
oroilles mossues et granz	les oreilles velues et grandes
autiex com a uns olifanz,	comme celles d'un éléphant,
les sorcix granz et le vis plat,	les sourcils grands et le visage plat,
ialz de çuete, et nes de chat,	des yeux de chouette et le nez d'un chat,
boche fandue come lous,	la bouche fendue comme celle d'un loup,
danz de sengler aguz et rous,	des dents de sanglier, aiguës et rousses,
barbe rosse, grenons tortiz,	la barbe rousse, les moustaches tortillées,
et le manton aers au piz,	et le menton collé à la poitrine,
longue eschine torte et boçue ;	avec une échine tordue et bossue ;
apoiez fu sor sa maçue,	il était appuyé sur sa massue,
vestuz de robe si estrange	vêtu d'un habit très étrange
qu'il n'i avoit ne lin ne lange,	qui n'était fait ni de lin ni de laine,
einz ot a son col atachiez	il portait, attachées à son cou,
deus cuirs de novel escorchiez,	deux peaux de bêtes récemment écorchées,
ou de deus tors ou de deus bués	provenant de deux taureaux ou de deux bœufs.

Quelques remarques sur le français du XIIe siècle

L'ancien français étant une langue intermédiaire, entre le latin et le français, il a des traits communs aux deux langues.

L'orthographe

Elle n'est pas encore fixée à cette époque et varie selon les dialectes et les copistes. On peut trouver, dans un même manuscrit, un mot orthographié de deux façons différentes ; par exemple, *vileins* (v. 1) et *vilain* (v. 7)

La grammaire

Comme en latin, l'ordre des mots dans la phrase n'est pas encore fixe. Toutefois, il tend à se stabiliser, comme en français moderne, avec le verbe mis en seconde position.
Comme en latin, il y a des déclinaisons, mais elles sont simplifiées à deux cas : le cas sujet, marqué au masculin singulier par un -S (v. 1 : *uns vileins*) et le cas régime, sans marque au masculin singulier(v. 7 : *le vilain*).
Quand l'ordre des mots sera tout à fait fixe, elles disparaîtront, n'ayant plus aucune utilité.

Le lexique

On observe dans le texte que des mots sont déjà presque identiques à leur équivalent en français moderne, par exemple : *leide criature* (laide créature) ; d'autres, au contraire, n'existent plus aujourd'hui : *aers* (v. 19), qui signifie « attaché, collé ».
Le sens de certains mots a évolué entre l'ancien français et le français moderne ; par exemple, *robe* (v. 22), qui signifie « habit » au Moyen Âge.

Les aventures de l'étymologie

L'histoire des mots est parfois une aventure mouvementée. Nombreux peuvent être les changements de sens, depuis l'origine en général latine jusqu'aux usages d'aujourd'hui. Trois exemples choisis dans le roman illustreront les longs chemins parcourus par les mots au cours de leur évolution.

Vilain : ce mot vient du latin *villa*, qui signifie « la ferme ». Le *villanus* est celui qui habite à la campagne. En ancien français, le *vilain* désigne le « paysan ». Le terme prend ensuite un sens péjoratif, parce que le paysan est d'une condition sociale basse, et donc méprisable pour les gens de la cour. Le « vilain » désigne alors un homme plein de défauts : avare, vil, sale, laid. Aujourd'hui, le mot a perdu l'idée de « basse origine sociale » pour ne garder que le sens moral dépréciatif : on qualifie de « vilain » celui qui se conduit mal, en particulier dans le langage enfantin.

Robe : ce terme a pour origine un mot germain signifiant le « butin », ce que l'on a volé. On est bien loin du vêtement féminin d'aujourd'hui ! En fait, le « butin » était souvent constitué de vêtements, ce qui explique l'évolution de « butin » à « vêtement pris en butin » puis simplement « vêtement ». En ancien français, « robe » désigne un habit, sans plus de précision (le vilain a ainsi une « robe » faite de peaux), car les hommes comme les femmes pouvaient porter des vêtements longs. Avec l'évolution de la mode, la robe n'est plus portée que par les femmes, et le terme désigne donc aujourd'hui un genre de vêtement féminin. Toutefois, le sens premier se retrouve dans le verbe français « dérober", synonyme de « voler ».

Compagnon : le mot a pour origine le latin formé de cum (« avec ») et *panis* (« pain »). Le compagnon est à l'origine celui avec qui on partage son pain. En ancien français, le compagnon est celui qui vit et partage ses activités avec quelqu'un. Yvain est ainsi appelé le « compagnon » du lion (p. 88). Aujourd'hui, un compagnon a un sens moins fort, c'est l'équivalent d'un ami. Le mot « copain » est issu de la même origine.

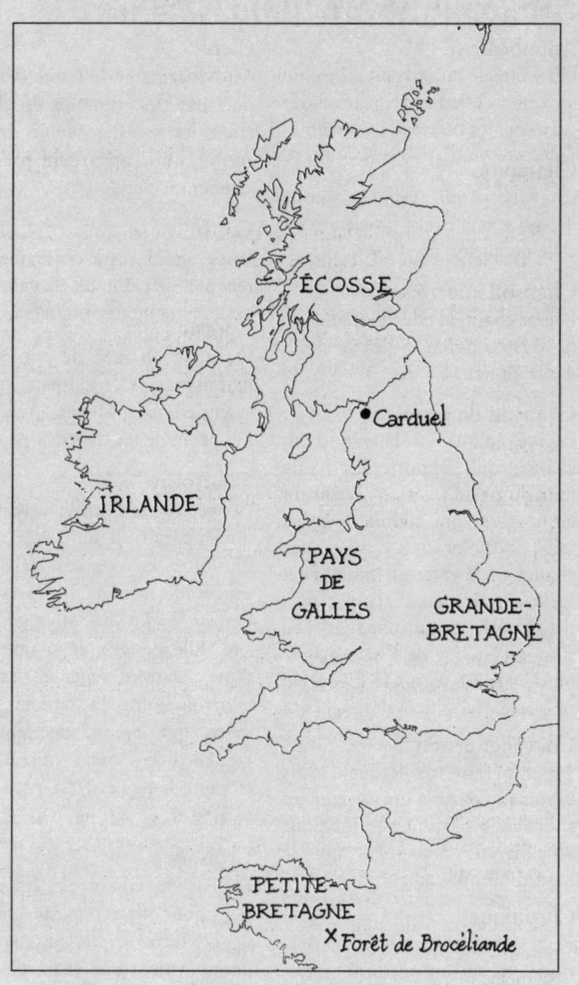

Carte du monde arthurien.

Vocabulaire du Moyen Âge

Adoubement
Cérémonie militaire puis religieuse au cours de laquelle on remettait ses armes au nouveau chevalier.

Champion
Chevalier qui combat pour défendre une cause (la sienne ou celle de quelqu'un d'autre).

Chanson courtoise
Poème chanté d'une cinquantaine de vers, consacré à l'éloge de la dame aimée.

Chanson de geste
Poème épique en langue d'oïl, chanté, qui rapporte les hauts faits du passé (« geste » vient du latin *gesta,* qui signifie « hauts faits, exploits »). Le sujet des chansons de geste est essentiellement guerrier (combats des chrétiens contre les musulmans) et se situe à l'époque de Charlemagne ou de son fils Louis le Pieux, au IXe siècle.

Chevalier errant
Type littéraire très fréquent dans le roman courtois qui désigne un chevalier partant seul pour affronter les aventures que le hasard lui présente.

Chronique
Récit qui rapporte des faits historiques en suivant un ordre chronologique.

Clerc
Au Moyen Âge le terme désigne un lettré (les membres du clergé étant les seuls à savoir lire et écrire), qui n'appartient pas forcément au clergé.

Coiffe
Partie de la cotte de maille qui recouvre le crâne du chevalier.

Copiste
Personne chargée de copier les manuscrits. Cette fonction est essentielle au Moyen Âge, car l'imprimerie n'existe pas encore.

Courtoisie
Conception de la vie et de l'amour qui apparaît au XIIe siècle : elle implique la connaissance des usages de la cour, la finesse de l'esprit, la loyauté et la générosité. Elle désigne aussi une certaine façon d'aimer : l'amant courtois aime la femme d'un autre, qui lui est supérieure, à laquelle il se soumet entièrement, et pour laquelle il est prêt à se surpasser.

Croisade
Expédition lancée par les chrétiens pour chasser les musulmans de la Terre sainte. Ses participants avaient une croix d'étoffe cousue sur leur habit.

Destrier
Cheval de combat, ainsi nommé parce que l'écuyer le menait par la main droite (*destre* en ancien français).

Dialecte
Forme particulière que prend une langue dans certaines régions.

Écu
Bouclier qui protège le chevalier.

Écuyer
Jeune homme qui fait son éducation en servant un chevalier : il s'occupe de ses armes et de son cheval.

Ermite
Homme qui mène une vie retirée, austère, consacrée à la prière. L'ermite n'est pas un membre du clergé.

Félon
Vassal qui se montre déloyal envers son seigneur. Désigne aussi, plus généralement, un traître.

Fief
Domaine qu'un vassal tient de son seigneur en échange de certains services.

Gothique
Forme d'art qui apparaît en France au XIIe siècle et s'achève à la fin du XVe siècle (voir p. 17-18).

Graal
Vase d'or dans lequel Joseph d'Arimathie, personnage biblique des Évangiles, aurait recueilli le sang du Christ. Dans les romans arthuriens, ce vase est l'objet de nombreuses quêtes menées par des chevaliers (en particulier Perceval et Galaad).

Guige
Courroie par laquelle le chevalier tient son bouclier.

Haubert
Cotte de maille qui recouvre tout le corps du chevalier.

Heaume
Casque du chevalier.

Lai
Conte ou nouvelle en vers qui s'inspire de thèmes celtiques : animaux blancs surnaturels, fées amantes, Autre Monde... Les *Lais* de Marie de France sont les plus célèbres.

Langue d'oc – langue d'oïl
Dans la France médiévale, la langue d'oc est la langue parlée dans la moitié sud de la France, et la langue d'oïl celle parlée dans la moitié nord.

Lignage
Ensemble des descendants et ascendants d'une personne. C'est le lignage qui détermine la noblesse d'un chevalier.

Mabinogion
Court récit gallois en prose.

Manuscrit
Ouvrage écrit à la main. Au Moyen Âge, tous les textes sont

manuscrits puisque l'imprimerie n'existe pas encore.

Matière de Bretagne
Ensemble de légendes celtiques et irlandaises transmises oralement par les « conteurs » et dont s'inspirent certains romanciers du Moyen Âge.

Moyen Âge
Période intermédiaire entre l'Antiquité et la Renaissance, qui commence en 476 (chute de l'Empire romain) et finit en 1453 (chute de Constantinople) ou en 1492 (découverte de l'Amérique).

Roman
Au XIIe siècle, texte en vers de huit syllabes, écrit en langue française, lu à haute voix, qui rapporte les aventures fictives d'un chevalier.

Roncin
Cheval de trait (propre à tirer un chariot) ou de somme (destiné à porter des fardeaux) de peu de valeur.

Sénéchal
Chevalier chargé de l'administration du château.

Tournoi
Jeu guerrier réservé aux chevaliers qui consiste à se battre soit seul à seul (joute), soit par troupes, avec des armes émoussées.

Troubadour
Poète qui chante en langue d'oc, au sud de la France. Les troubadours ont fondé la littérature en langue d'oc et ont inventé l'amour courtois.

Trouvère
Équivalent du troubadour au nord de la France ; le trouvère s'exprime en langue d'oïl.

Table ronde
Table imaginaire autour de laquelle le roi Arthur rassemblait ses vassaux dans un idéal d'égalité.

Vavasseur
Vassal d'un vassal, c'est-à-dire dernier rang dans la hiérarchie chevaleresque.

Vilain
Paysan libre, par opposition au serf. Le terme désigne plus généralement tout homme de basse condition, puis toute personne méprisable.

Compléments notionnels

Champ lexical
Ensemble de mots regroupés dans un texte et se rapportant à un même secteur de la réalité. Dans le champ lexical des armes, par exemple, on trouve l'épée, la lance, l'écu, etc.

Comparaison
Rapprochement de deux objets (le comparé et le comparant) à partir d'une ressemblance. Par exemple : Il est beau comme un dieu.

Conte
Court récit en prose de faits imaginaires où intervient le merveilleux.

Dénouement
Résolution d'une histoire.

Description
Passage qui évoque une réalité (objet, personne, lieu) en la détaillant afin que le lecteur puisse se la représenter.

Discours direct
Discours rapporté tel quel dans le récit, signalé par des guillemets.

Étymologie
Origine et histoire d'un mot.

Genre
Catégorie d'œuvres définie par des caractéristiques communes. Le conte, le roman, la comédie sont des genres littéraires.

Gradation
Succession de mots ou d'événements classés par ordre croissant ou décroissant d'intensité.

Histoire
Suite d'événements dans laquelle des personnages agissent, sont confrontés à des péripéties qui les conduisent à une situation finale.

Merveilleux
Ce qui se produit grâce à l'intervention d'éléments surnaturels.

Métaphore
Figure de style qui consiste à employer un mot à la place d'un autre, avec lequel il a un rapport de sens. C'est une comparaison implicite. Par exemple : Cet enfant est un ange.

Monologue
Discours d'un personnage qui se parle à lui-même.

Narrateur
Celui qui raconte l'histoire. Il peut être différent de l'auteur comme du héros.

Péjoratif
Se dit d'un mot ou d'une acception qui exprime une valeur néga-

tive, dépréciant la chose ou la personne désignée. Par exemple, un « chauffard » désigne un mauvais conducteur.

Péripétie
Événement provoquant un rebondissement de l'action.

Portrait
Description d'une personne.

Prologue
Partie d'une œuvre littéraire qui se situe avant le début de l'histoire.

Quiproquo
Erreur qui consiste à prendre une chose pour une autre ou une personne pour une autre.

Réalisme
Courant littéraire ou pictural qui vise à représenter la réalité telle qu'elle est.

Récit
Relation d'une histoire faite par un narrateur.

Rimes plates
Rimes suivies deux à deux, selon le schéma aa, bb, cc, etc.

Symbole
Réalité concrète représentant une réalité abstraite. Par exemple, la colombe est le symbole de la paix.

Synonymes
Mots ayant le même sens ou un sens très proche.

BIBLIOGRAPHIE FILMOGRAPHIE

Bibliographie

Éditions et traductions d'*Yvain ou le Chevalier au Lion*

• Chrétien de Troyes, *Le Chevalier au Lion (Yvain)*, préface, commentaire et notes de Claude-Alain Chevalier, Le Livre de Poche classique, 1988.

• Chrétien de Troyes, *Yvain ou le Chevalier au Lion*, traduction de Michel Rousse, Garnier-Flammarion, 1990.

• Chrétien de Troyes, *Le Chevalier au Lion ou le Roman d'Yvain*, édition, traduction, présentation et notes de David F. Hult, coll. « Lettres gothiques », Le Livre de Poche, 1994.

Sur le Moyen Âge et sa littérature

• Georges Duby, *Le Moyen Âge, 987-1460*, coll. « Histoire de France », Hachette, 1987.

• Michel Zink, *Introduction à la littérature française du Moyen Âge*, Le Livre de Poche, 1993.

• Paul Zumthor, *Essai de poétique médiévale*, coll. « Poétique », Seuil, 1972.

Sur Chrétien de Troyes et le roman arthurien

• Jean Frappier, *Chrétien de Troyes, l'Homme et l'Œuvre*, Hatier, 1968.

• Éric Kohler, *L'Aventure chevaleresque. Idéal et réalité dans le roman courtois*, Gallimard, 1974.

Sur *Yvain ou le Chevalier au Lion*

Erich Auerbach, *Mimêsis. La représentation de la réalité dans la littérature occidentale* (chapitre VI), Tel, Gallimard, 1968.

• Emmanuèle Baumgartner, *Yvain, Lancelot, la charrette et le lion*, PUF, 1992.

• Jean Frappier, *Étude sur Yvain ou le Chevalier au Lion de Chrétien de Troyes*, SEDES, 1969.

• *Le Chevalier au Lion de Chrétien de Troyes. Approches d'un chef-d'œuvre*, études recueillies par Jean Dufournet, Champion, 1988.

Filmographie

Le roman d'*Yvain* n'a jamais été adapté au cinéma. En revanche, le personnage de Lancelot et le monde arthurien en général ont inspiré de nombreux réalisateurs. Voici quatre films qui traitent chacun de façon très différente le mythe arthurien.

• *Lancelot du Lac*, de Robert Bresson (France, 1974)

Ce film repose sur le parti pris suivant : montrer non pas la grandeur de la cour arthurienne et les enchantements du monde breton, mais au contraire l'écroulement de ce monde, son agonie.

• *Monty Python Sacré Graal*, de Terry Gilliam et Terry Jones (Grande-Bretagne, 1974)

C'est une comédie burlesque qui vise, par ses nombreux gags et anachronismes, à démystifier quelque peu la chevalerie arthurienne.

• *Perceval le Gallois*, d'Éric Rohmer (France, 1978)

Ce film adapte l'histoire de Perceval, d'après le *Conte du Graal* de Chrétien de Troyes. Le réalisateur s'applique à se montrer le plus fidèle possible au texte de Chrétien – qui est repris presque mot à mot – dans un décor imaginaire.

Fabrice Luchini dans Perceval le Gallois *d'Éric Rohmer (1978).*

• *Excalibur*, de John Boorman (États-Unis, 1981)

C'est la version hollywoodienne de l'univers arthurien. L'intérêt du film est de refondre l'ensemble de la légende, depuis la naissance d'Arthur jusqu'à sa mort, tout en intégrant les aventures de Lancelot et de Perceval. À l'inverse de celui de Bresson, le film met l'accent sur le merveilleux et le mystère de cette légende, à grands renforts d'effets spéciaux.

CRÉDIT PHOTO : p. 7 Ph.© J.L.Charmet • p. 11 Ph.© Giraudon • p. 19 Ph.© R.Mazin/Diaf • p. 34 Et reprise page 8 : Ph.© Giraudon • p. 36 Coll. Archives Larbor/T • p. 49 Coll. Archives Larbor/T • p. 50 Coll. Archives Larbor/T • p. 56 Coll. Archives Larbor/T • p. 70 Coll. Archives Larbor/T • p. 77 Coll. Archives Larbor/T • p. 82 Coll. Archives Larbor/T • p. 98 Coll. Archives Larbor • p. 103 Coll. Archives Larbor/T • p. 116 Coll. Archives Larbor/T • p. 121 Ph.© Giraudon/T • p. 139 Coll. Archives Larbor/T • p. 143 Coll. Archives Larbor/T • p. 169 Ph.© Oronoz/Artephot • p. 177 Ph. Universitätsbibliothek, Heidelberg • p. 191 Ph.© Coll. National Film Archive London/DR

Direction de la collection : Chantal LAMBRECHTS.
Direction artistique : Emmanuelle BRAINE-BONNAIRE.
Responsable de fabrication : Jean-Philippe DORE.

Compogravure : P.P.C. - Impression MAME n° 03112020. Dépôt légal 1re édition : avril 19
N° de projet : 10110457 - Imprimé en France – Janvier 2004.